**일본 부동산
직접 투자
최강 바이블**

도쿄 빌딩에서 월세 받습니다

일본 부동산 직접 투자 최강 바이블

백승 노윤정 지음

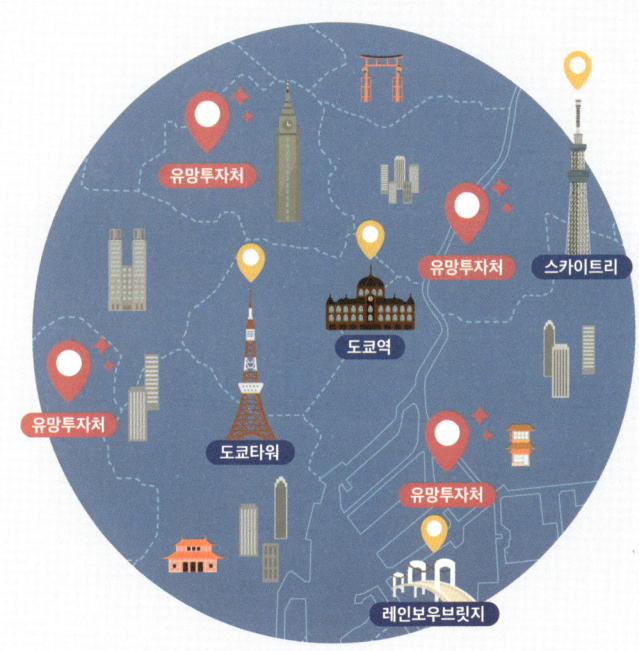

시원북스

임대수익과 시세차익, 결과로 증명한 일본 부동산 투자

"그 건물, 저희가 인수하고 싶습니다!"

그날 오후 도착한 이메일 한 통은 내 인생의 다음 페이지를 넘기게 만들기에 충분했다. 처음 일본에서 건물을 살 때만 해도, 내가 그 건물을 무려 9억 원, 수익률 150%를 남기고 팔게 될 줄은 상상도 하지 못했다.

2019년, 일본 도쿄도 신주쿠구에 있는 한 동짜리 상가주택(일본 용어로는 일동맨션)을 매입하면서 '일본 건물주'가 되었다. 한국보다 훨씬 높은 수익률과 1.5%라는 낮은 금리를 이용해서 수익형 부동산을 잘 세팅했다고 생각했던 찰나, 코로나19가 터졌다. 일본 부동산을 구입하자마자 3년간 일본에 출국조차 못 했고, 팬데믹이 이어지는 동안 공실도 겪었고, 계속 여기저기서 터지는 각종 문제로 한숨 쉬던 날도 있었다. 그런데 그 모든 시간이 한 문장으로 보상받는 기분이었다.

내가 일본에서 취득한 첫 번째 건물은 지어진 지 30년이 넘은 오래된 건물이었다. 생애 첫 일본 부동산 투자 이야기를 담은 첫 책《서울을 팔고 도쿄를 샀습니다》를 세상에 내놓고, 평범한 월급쟁이가 서울에 살면서 일본 건물주가 된 사연을 보며 박수를 보내준 독자들이 많았다.

하지만 일본 부동산의 공식은 '신축일 때 가장 비싸고, 구축이 될수록 가격이 저렴해진다'는 것이다. 그래서 신축일 때 받을 수 있었던 높은 월세는 구축이 되어 팔게 되었을 때 손해 보는 손실을 메우는 수준이라고 한다. 월세를 받을 때는 좋지만 매각할 때는 그만큼 뱉어내야 하는 것이 바로 일본 부동산 투자의 정설이었다. 그러니 오래된 구축 건물을 덜컥 매입한 내 투자를 보며, 일본 부동산을 '좀 안다'고 했던 사람들 몇몇은 혀를 내둘렀다.

물론 이 말은 맞았다. 적어도 2022년 이전까지는. 하지만 2022년 이후부터 시쳇말로 '떡상'한 도쿄 부동산은 신축, 구축 가리지 않고 가격이 올랐다. 여기저기서 일본 부동산이 오른다는 소식이 들려왔다. 처음에는 도쿄와 오사카를 비롯한 대도심부에서 시작되었는데, 어느샌가 지방은 물론 전국 곳곳에도 오름세가 눈에 띄게 커져갔다. 일본 부동산 가격이 급격하게 오른 배경에는 여러 이유가 있지만, 그중에서 큰 비중을 차지하는 요인으로 환율과 금리를 빼놓을 수 없다. 2022년 코로나 팬데믹이 끝나면서 물가 상승이 심해지자 미국 연준은 인플레이션 대응을 위해 금리를 빠르게 올린 반면 일본은행은 완화정책을 고수했다. 이례적인 엔저, 전 세계에서 유일하게 낮은 제로 수준의 기준금리는 떠돌아다니는 돈을 몰려들게 하기에 적절했다. 내 건물도 이 흐름에 맞물려 계속해서 몸값이 올랐다.

나는 임대수익으로 예상했던 만큼의 수익을 고스란히 얻었고, 중간에 월세를 올리는 작업도 했다. 이 모든 과정은 내 블로그와 유튜브를 통해서 꾸준히 연재해왔다. 점점 낡아가는 구축 건물에서도 월세를 올려서 매월 76만 엔이라는 우수한 수익을 만들었다. 그리고 3년이 지난 후 매입 당시보다 150% 더 높은 가격으로 건물을 매각했다. 더욱 정확하게 숫자로 표현하면 시세차익으로 세전 7,500만 엔이다. 보유한 기간 동안 받았던 월세까지 포함한다면 수익으로만 총 9,500만 엔 정도가 된다. 실투자금의 2배 가까이를 이익으로 거둔 셈이었다. 무엇보다 35년 가까이 되었던 건물을 무려 1.5배 넘는 가격으로 되판 사건은 정말 놀라운 일이라는 평가를 받았다.

처음 도쿄의 상가주택을 살 때, 사람들은 이해하지 못했다. 왜 하필 일본인지, 왜 지금인지, 왜 오래된 건물인지 말이다. 하지만 그 당시 내가 바라본 일본 부동산은 체계적이고, 투명하고, 예측 가능했다. 해외 투자자가 할 수 있는 최선의 방법으로 엑시트

(EXIT), 즉 매각에도 성공했다. 그리고 건물 매각은 내 일본 투자 여정의 끝이 아닌 시작이 되었다.

첫 번째 건물을 매각하고 나서 나는 처음보다 더 깊은 고민에 빠졌는데, 그 이유는 고를 수 있는 부동산의 종류가 많아진 탓이었다. 첫 상가주택을 매입할 때만 하더라도, '주택'으로 바라본 투자 방법을 선택했다. 그동안 서울에서 해왔던 부동산 투자 방식과 유사하게 살기 좋은 집, 내가 살고 싶은 동네, 직주근접과 같은 입지를 살폈다. 하지만 일본에서 건물을 운영하면서 이곳의 투자는 한국의 실정과 다른 점이 많다는 현실을 이해하기 시작했다. 역시 사람은 겪어봐야 안다고 했던가.

그래서 두 번째 건물을 보러 다닐 때에는 주택에만 매몰되지 않고 다양한 형태와 가격대의 선택지를 두루 살펴보았다. 이번 목표 역시 같았다. 이미 꽤 많이 올라버린 시장에서 안정적인 수익을 거두면서도 시세차익 가능성도 있는 매물을 찾아야 했다. 그리고 여기서 하나 더 포함하자면 '나만의 건물'을 찾는다는 목표였다.

다소 추상적으로 들릴지도 모르는 이 말은 앞으로 다룰 일본 상업빌딩의 잠재 가치와 공간 기획의 중요성과 맞닿아 있다. 상업빌딩 투자는 단순한 입지 분석이나 수익률 계산을 넘어서, 그 공간이 앞으로 어떤 쓰임과 의미를 가질 수 있는지 상상하는 힘이 핵심이기 때문이다. 나는 그 가능성을 먼저 읽고 공간의 미래를 생각하며 선택했고, 결국 그 판단이 건물의 가치를 끌어올릴 수 있다고 믿는다.

그렇게 첫 번째 건물을 매각하고 나서 약 8개월 만에 취득하게 된 두 번째 건물은 '상업빌딩'이었다. 이 지점에서 다시 일본 부동산을 아는 사람이라면 고개를 갸우뚱할지도 모르겠다. 일본인 투자자들은 상업빌딩을 그다지 선호하지 않는다. 수익형 부동산이라면 단연 일동맨션이나 일동아파트(한국의 다가구 주택과 유사) 투자이고, 그 편이 훨씬 유리한데 말이다. 하지만 나는 이번에도 다른 결정을 했다.

내 이야기를 듣고 사람들은 다시 묻는다. 왜 상업빌딩인지, 그리고 왜 도쿄 5구가 아닌지, 왜 규모를 줄였는지. 하지만 지금 일본 부동산 시장에서는 다른 시선이 필요하다는 것이 내 결론이다.

지난 6년간, 일본 부동산 시장이라는 낯선 세계에 우당탕 부딪치면서 무모했던 결정도 했고, 부끄러운 실수도 많았다. 어떤 날은 자책과 불안 속에 잠 못 이루기도 했고, 또 어떤 순간은 운이 좋아 웃을 수 있었다. 스스로 성공한 투자자라 말하긴 조심스럽지만, 어쨌거나 한국인으로서는 겪기 힘든 여러 시행착오와 작지만 소중한 경험들을 쌓고 배울 수 있었다. 그리고 그렇게 얻은 배움을 이 책에 솔직히 담을 수 있게 되었다.

이 책에서 일본 부동산의 구조와 제도, 일본 상업빌딩의 특징, 입지와 정책, 환율을 고려한 실전 투자법과 내가 실제로 일본 건물주로서 겪었던 공실, 재계약, 밸류업, 그리고 매각과 건물 갈아타기의 모든 여정을 썼다. 실제 일본 부동산 시장의 최신 흐름과 한일 양국의 투자 유형을 체계적으로 비교 분석했다. 수익 개선 공식과 계산법 등에 대한 데이터는 물론 나만의 현장 경험을 통해 얻은 정보를 표와 그래프로 정리했고, 독자들이 스스로 자신에게 맞는 투자처를 발굴하고 입지를 판단할 수 있도록 입지 분석 항목과 조사 방법, 그리고 일본 각지의 인프라 변화와 도쿄도 정책 호재 등에 대해서도 상세히 담았다. 현장의 생생한 사진, 한눈에 볼 수 있는 이미지 자료는 모두 올컬러로 수록하여 이해를 도왔다. 이 책에 수록된 총 60여 개가 넘는 각종 자료는 직접 보고 듣고 발로 뛰며 얻은 인사이트를 꾹꾹 눌러 담은 결과다.

다만 이 책에 담긴 내용은 내가 직접 공부하고 경험하며 정리한 결과물로, 미처 살피지 못한 부분이나 부족한 점이 있다면 이에 대해 독자 여러분의 너른 양해를 부탁드린다. 이와 관련된 모든 책임은 전적으로 나에게 있음을 밝힌다.

누군가는 이 책 속에서 투자 전략을 발견할 것이고, 누군가는 이주와 정착의 가능성을 엿볼 수도 있을 것이다. 당신의 잃지 않는 투자를 힘껏 응원한다.

목차

✦ **프롤로그** ✦ 임대수익과 시세차익, 결과로 증명한 일본 부동산 투자　　4

일본 부동산, 제대로 알고 시작하자

01 수익 목표를 정하자, 인컴 게인 vs 캐피털 게인　　18
　　2020년부터 부동산 시장에 불어온 변화의 바람　　22

02 투자 전략의 분기점, 주택이냐 상가냐　　26
　　한국에서 상업용 부동산에 투자가 몰리는 이유　　31
　　일본에서 주택 투자가 일순위인 이유　　33
　　상업용 부동산이 기회가 되는 3가지 이유　　35

03 관리 아웃소싱은 선택이 아닌 필수　　40
　　기본적인 관리　　41
　　재계약과 명도　　42
　　퇴거 시 원상복구 확인　　43
　　소방 점검 및 보수까지　　44
　　높은 수수료는 단점　　46
　　도쿄에서 보는 상위 10개 관리회사　　48

2장 일본의 상업빌딩, 기회의 지도 펼치기

01 한국과는 다른 일본 빌딩의 세계   52
    도쿄 빌딩이 높아질 수 있는 이유   57
    땅이 좁은 상업용에서도 유효할까   59

02 빌딩 유형별 장단점, 어디에 투자할까   62
    일본과 한국의 부동산 투자 유형은?   63
    상가와 주거의 복합 형태, 임대병용주택의 매력은?   66

03 입지에 따른 도쿄 상업빌딩 투자 전략   70
    입지를 판단하는 수요, 운영 전략, 교통망   72
    일본의 부동산 입지를 파악할 수 있는 방법   76

04 정책으로 읽는 추천 에리어   79
    첫째, 도쿄의 미래 모습을 보고 미리 투자하라   81
    둘째, 전국을 연결하는 철도 변화에 주목하라   85
    셋째, 도쿄로 좁혀서 살펴보는 주요 노선   89

05 철도 노선이 만드는 수익 지도   91
    중심지로 촘촘히 연결되는 도쿄도   92
    더 빠르게 이어지는 전국 교통망   96

06 사례 탐구-도쿄 베이, 가장 뜨거운 무대   100
    도쿄 베이 지역이 갖는 의미   103
    공시지가로 확인할 수 있는 상승 변화   106
    자연재해라는 가장 큰 약점   110

3장 나의 첫 일본 부동산, 투자 운영기

01 예기치 못한 위기, 코로나가 터졌다 ... 116
일본 비즈니스 문화를 잘 몰랐던 초창기 시절 ... 118
건물 매입과 동시에 시작된 코로나 위기 ... 120

02 공실과의 싸움, 대책을 세우다 ... 123
공실에 대처하는 첫 단계, 현실 직시 ... 125
일본 현지 담당자에게 의견을 구했더니 ... 126
우려 섞인 시선에도 리폼을 결정하다 ... 127
리폼하는 데 들어간 비용은? ... 129
리폼으로 수익률 10% 올리기 성공 ... 132

03 재계약 성공! 월세를 올린 비결 ... 134
월세를 올리기 위해 새로운 시선으로 분석하다 ... 137
윈윈이었던 새 세입자와의 만남 ... 139

04 예상치 못한 매각 제안을 받다 ... 142
일본과 정반대로 움직였던 한국 부동산 시장 ... 143
건물 매각 결정을 망설인 이유 ... 145
코로나가 끝난 뒤 다시 조명받는 공간의 가치 ... 148

05 3년 만에 150% 수익을 실현한 매각 전략 ... 151
자본력으로 더 크고 좋은 건물을 짓는 디벨로퍼 ... 152
아자부다이힐즈 사례에서 드러나는 땅의 가치 ... 154
가격 협상의 기준은 '투자의 다음' ... 156
좋은 부동산은 남들이 먼저 팔아달라 찾아온다 ... 157
매각을 통해 내가 찾은 새로운 목표 ... 158

4장 두 번째 투자를 향한 새로운 시선

01 매물 기준을 다시 세우다 162
    일본에서 새로운 투자처를 찾기 시작하다 163
    상승장에서는 재빠르게 발로 뛰어야 한다 165

02 현장에서 느낀 변화, 관광업의 활기 170
    현장에서 관광업의 활기를 확인하다 172
    무조건 긍정적으로 바라보기는 금물 174

03 새롭게 눈에 들어온 상업빌딩 178
    새로운 형태의 부동산이 눈에 들어오다 181
    제일 조심해야 할 공실률 183
    상업빌딩으로 두 번째 투자를 결정하다 185
    상업용 부동산은 사람들의 동선이 전부다 189

5장 건물 하나로 수익, 차익, 인생 설계까지 만드는 투자 노하우

01 가치를 높이는 비밀, 밸류업 — 196
　수익에 즉각적인 변화를 가져다주는 리폼 밸류업 — 197
　부동산의 잠재 가치를 극대화하는 디벨로퍼의 개발 밸류업 — 200
　두 가지를 모두 노리는 똑똑한 투자자가 되자 — 203

02 매입부터 매각까지, 실행의 흐름 — 207
　해외 부동산 투자를 위한 첫 번째 단계 — 208
　결국 가장 중요한 차이는 여기에서 온다 — 210
　부동산 공부 말고, 실행을 해라 — 213

03 누가 사줄 것인가: 매각 전략 — 214
　시간이 흘러도 가격이 오르는 부동산을 찾는 법 — 216
　실수요자, 투자자, 디벨로퍼의 관점으로 생각하기 — 218
　국적이라는 기준도 놓치지 말자 — 220

04 환율이 투자에 미치는 영향 — 222
　수익형 부동산, 환율을 극복하는 방법 — 224
　환율을 어떻게 해석해야 투자에 도움이 될까 — 227

05 투자와 이주를 함께 고려하는 장기 전략 — 228
　부동산 투자로 이민갈 수 있을까 — 229
　중요하게 따져야 하는 두 가지 기준 — 230

◆ **에필로그** ◆ 선택하고 나아가서, 결국은 키워내는 힘 — 234

일본 부동산, 제대로 알고 시작하자

수익 목표를 정하자, 인컴 게인 vs 캐피털 게인

우리가 부동산 투자를 결심할 때 가장 먼저 어떤 생각을 떠올릴까? '지금 내가 산 가격보다 떨어지면 어떡하지?' 혹은 '몇 년 뒤에는 더 비싸게 팔 수 있겠지?'가 아닐까 싶다. 이 말인즉슨 우리는 부동산 투자를 할 때 마음속으로 시세차익을 기대한다는 의미이다. 또한 '싸게 사서 비싸게 팔아라'는 어느 투자에서든 통용되는 격언이다. 그래서 우리는 항상 비싸게 팔기를 기대하면서 부동산 투자를 한다.

하지만 시세차익을 목표로 하는 부동산 투자는 단기간에 큰 이익을 거둘 수 있는 장점이 있지만, 경기 사이클을 탄다는 단점이 있다. 즉, 시장에서 가장 호경기였던 시절에 부동산을 매입한다면 후퇴기, 불경기까지 지날 동안 꽤 오랫동안 인고의 시간을 견뎌야만 한다. 물론 투자자들은 이런 위험을 알면서도 시세차익형 투자를 한다. 그 이유는 인플레이션이 계속되는 한, 언젠가는 부동산 가격이 다시 오른다는 믿음 때문이다. 정부가 화폐를 계속 발행하고, 물가가 꾸준히 오른다면 부동산 가격 역시 계속 오르는 우상향일 수밖에 없기 때문이다. 그래서 투자자들 사이에서는 '존버는 승리한다'는 말이 있지 않은가. 지금은 당장 불경기에 돌입했어도 언젠가는 다시 사이클을 타서 호경기로 나아가 부동산 가격이 오른다는 믿음이다.

지금까지 우리가 나눈 모든 이야기는 경제가 계속 성장한다는 전제에서 가능하다. 앞서 언급했듯이 물가가 계속 오른다면, 우상향은 맞는 말이다. 하지만 만일 경제가 성장하지 못한다면? 인플레이션이 아닌 디플레이션에 걸려버린다면 부동산 가격은 어떻게 되는 걸까? 이런 일이 아주 가까운 곳에서 일어나고 있었다. 바로 일본이다. 일본은 버블 붕괴 이후, 거의 모든 것이 멈추어버렸다. 지난 30년 동안 일본의 실질 성장률 평균은 0.94%에 머물렀다. 2008년 리먼 브라더스 사태의 극단적인 침체 시기(2009년 -5.69%)를 제외한 수치이다.

경제가 성장하지 않는 곳에서는 자산 가격도 오르지 않는다. 무엇보다 1990년 초반에 있었던 버블 붕괴 시기의 부동산 대폭락 사태를 보고선 어느 누가 부동산에 투자하려고 할까. 법인은

표1　일본 경제 성장률 추이

연도	1980	1981	1982	1983	1984	1985	1986	1987	1988	1989
%	3.18	4.26	3.28	3.63	4.41	5.16	3.29	4.65	6.66	4.93
	1990	1991	1992	1993	1994	1995	1996	1997	1998	1999
	4.84	3.52	0.9	-0.46	1.08	2.63	3.13	0.98	-1.27	-0.33
	2000	2001	2002	2003	2004	2005	2006	2007	2008	2009
	2.77	0.39	0.04	1.54	2.19	1.8	1.37	1.48	-1.22	-5.69
	2010	2011	2012	2013	2014	2015	2016	2017	2018	2019
	4.1	0.02	1.38	2.01	0.3	1.56	0.75	1.68	0.64	-0.4
	2020	2021	2022	2023	2024					
	-4.15	2.56	0.96	1.92	0.86					

용어 정의 : 경제성장률 = {(금년도 실질 GDP - 전년도 실질 GDP) ÷ 전년도 실질 GDP} × 100
〈출처 : IMF - World Economic Outlook Databases〉

물론이고 개인들도 더 이상 '더 비싼 가격에 부동산을 팔겠다'는 시세차익형 투자를 생각하지 않았다.

오히려 부동산은 사고 나면 가격이 떨어지는 소비재에 가까워졌다. 신축 때 가장 비싸고, 구축이 될수록 저렴해지는 이치다. 마치 자동차와 같다. 일본에서는 부동산을 더 비싼 가격에 팔아서 얻는 시세차익을 캐피털 게인(capital gain)이라고 부른다. 그리고 일본인들에게 더 이상 캐피털 게인을 노리는 부동산 투자는 거의 있을 수 없는 일이라 여겨졌다.

실제로도 일본 부동산 가격은 버블 붕괴 이후 2013년까지 계속 제자리걸음을 했다. 〈자료 1〉에서 보이는 부동산 가격 지수는 연간 약 30만 건의 부동산 거래 가격 정보를 바탕으로 전국, 블록별, 도시권별 등 부동산 가격의 동향을 지수화한 자료이다. 매

자료1 일본 부동산 가격 흐름 추이(~2012)

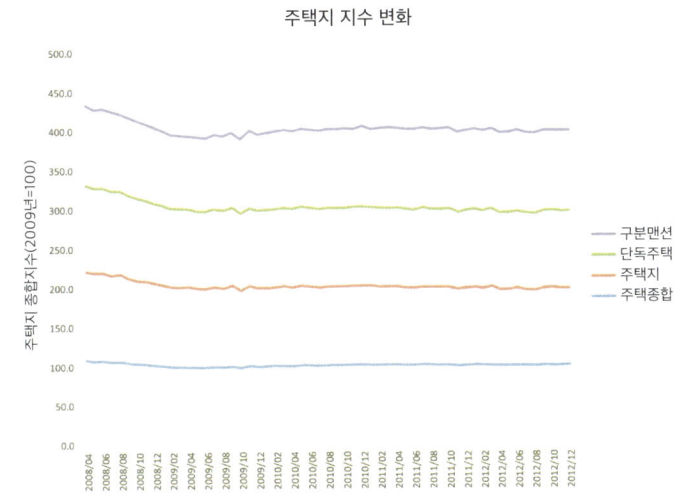

〈출처 : 국토교통성〉

1장 일본 부동산, 제대로 알고 시작하자 21

년 국토교통성(国土交通省)에서 발표하는 지표인데 2012년까지의 그래프가 거의 움직임이 없음을 알 수 있다.

이런 분위기 속에서 2000년대부터 자리 잡은 일본 부동산 투자의 규칙은 수익형이었다. 일본에서는 이를 인컴 게인(income gain)이라 부른다. 인컴 게인은 매월 들어오는 현금흐름, 즉 월세 수입을 의미한다. 인컴 게인을 중심에 두는 투자자는 무엇보다 공실 리스크를 줄이는 데 집중한다. 안정적인 임차인을 확보하고, 가능한 한 오래 계약을 유지하면서 꾸준한 현금흐름을 만들고자 한다. 이들에게 중요한 투자 기준은 '얼마에 사서, 얼마나 오르는가'보다는 '얼마나 안정적으로 매달 수익이 들어오는가'이다. 이렇게 오랜 기간 동안 일본 부동산은 수익형 부동산 시장이 탄탄하게 자리 잡혀갔다.

2020년부터 부동산 시장에 불어온 변화의 바람

그렇게 20여 년간 꾸준하게 수익형 투자 중심의 일본 부동산 시장이 유지되었다. 그런데 2013년부터 땅값이 조금씩 오르는 현상이 나타났고, 실질적으로 개별 물건에 변화가 생겨난 시점은 코로나19를 극복하고 난 후의 2022년부터였다.

최근 몇 년의 일이지만, 그 상승세는 무서우리만큼 컸다. 여기에는 저금리와 엔저, 외국 자본 유입, 관광 회복 등 여러 요인이

| 자료 2 | 일본 부동산 가격 흐름 추이(2013~)

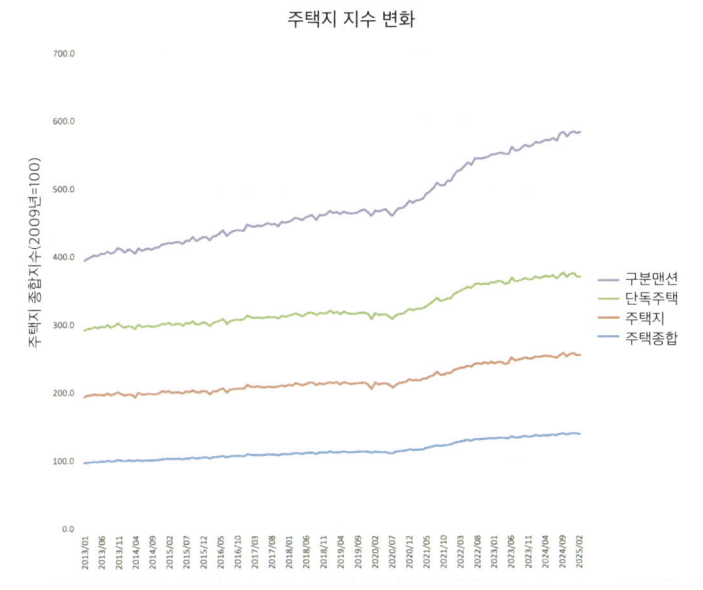

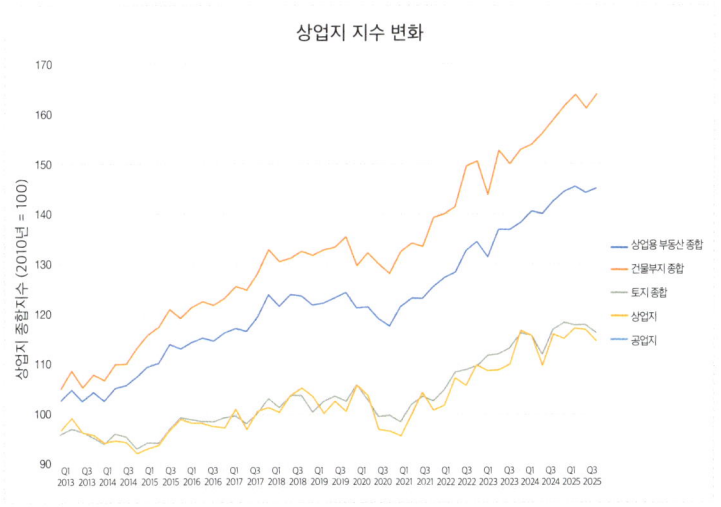

〈출처 : 국토교통성〉

복합적으로 작용한 것으로 보인다. 이런 이유로 이제 도쿄 등 주요 도심부의 부동산은 다시 시세차익의 시장으로 들어왔다고 평가된다. 한국 아파트와 유사한 형태인 도쿄의 신축 맨션은 이제 1억 엔을 넘어 2억 엔을 향해 간다.

수익형 부동산으로 인기를 끌었던 일동맨션(한국의 상가주택)이나 일동아파트(한국의 다가구 주택) 역시 도심부의 주요 입지에 자리잡고 있다면, 수익형뿐 아니라 시세차익형을 기대하는 부동산이 되고 있는 모습이 보이기도 한다. 수익형 부동산은 수익률로 설명할 수 있는 부동산이다. 매매가 대비 연간 임대수익이 몇 퍼센트인지, 그 수익이 어느 정도 안정적으로 유지되는지에 따라 판단된다. 하지만 매매가가 급격히 상승한 이후부터 수익률은 점점 낮아지고 있다. 수익률이 6%에서 4%, 다시 3% 아래로 떨어지자 더 이상 '수익형'으로 보기 어려워졌다는 말이 나오고 있다. 이처럼 수익형 부동산이 시세차익형으로 변모한 지금, 일본 시장은 다시 한번 큰 전환점을 맞이하고 있다.

그렇다면 지금 일본 부동산을 어떤 목표를 두고 바라봐야 좋을까? 부동산의 종류에 따라 달라지지만, '인컴 게인 50%, 캐피털 게인 50%'를 목표로 해야 한다고 생각한다. 이런 기준을 말하기에 조금 민망한 감도 있지만, 이제 더 이상 일본 부동산을 수익형으로만 바라보기에는 시대가 바뀌었다. 그리고 무엇보다 현실적이지도 않다. 하루에 몇 건이고 거래를 성사시키고 현장에서 매수자를 직접 만나는 사람들은 이미 알고 있다. 더 이상 일본 부동산을 수익형으로만 말하면 안 된다는 사실을 말이다.

나는 2019년부터 일본 부동산 투자를 하면서 두 가지 변화를 모두 경험하기도 했다. 처음에는 인컴 게인을 중심으로 보았다. 낮은 금리, 고정적인 월세 수익은 한국보다 훨씬 매력적으로 느껴졌다. 그런데 예상보다 시세가 빠르게 올라가면서 캐피털 게인의 가능성도 눈앞에 보이기 시작했다. 결국 나는 임대수익도 챙기고, 시세차익도 실현하는 결과를 얻을 수 있었다. 수치만 보더라도, 수익형 부동산으로 시세차익을 함께 생각하지 않으면 안 되는 이유다. 우리는 시세차익을 고려한 일본 부동산 투자를 해야 한다. 그래야 돈을 벌 수 있다.

투자 전략의 분기점, 주택이냐 상가냐

부동산 투자를 처음 시작한다면 인컴 게인과 캐피털 게인을 고민하고, 그다음에는 어떤 종류의 부동산을 선택하는가의 갈림길에 선다. 즉 주택이냐, 상업용이냐 하는 선택이다. 이를 한국식으로 이해하기 쉽게 표현하자면 아파트냐, 상가(오피스텔)냐로 볼 수 있다. 이런 갈림길에서 투자자 가운데 상당수는 가격 상승이 기대되는 아파트를 선택하고, 월세 수입에 관심 있는 사람들은 후자를 고른다.

일본은 어떨까? 일본인들이 부동산 투자를 처음 한다면 선택지는 '맨션으로? 혹은 일동아파트로?'다. 그리고 일본인 투자자 대다수는 일동아파트를 선택한다.

대한민국의 '아파트 투자'는 굳이 설명하지 않아도 어떤 투자인지 잘 안다. 아파트는 사람들이 선호하는 대표적인 주택 형태이다. 특히 내가 직접 거주하면서 투자도 할 수 있는 실거주용 아파트 투자는 주거비를 해결하면서도 시세차익 투자를 함께 하기 때문에 유리하다. 혹은 내가 거주하지는 않고도 투자용 아파트만 보유하는 경우도 있다. 높은 전세금을 받아서 매매가와 전세가의 차이만을 지불하는 갭투자가 여기에서 비롯된다. 어느 쪽이든 간에, 아파트 투자를 하는 사람이 월세 수익을 바라는 경우는 거의 없다. 나중에 아파트 가격이 더 오를 것을 기대하는 시세차익형 투자를 한다.

상가 또는 오피스텔 투자는 주택이 아닌 상업용으로 사용하는 부동산을 투자하는 형태다. 그 공간에서 어떠한 비즈니스를 하는 세입자를 들인다. 보증금이 아파트처럼 높은 편이 아니기 때문에, 갭투자보다는 전용 대출을 받아서 투자를 한다. 오피스텔은 주거 목적으로 들어오는 세입자에게 높은 보증금을 받을 수 있는 경우도 있기 때문에, 가끔 오피스텔 갭투자도 눈에 띈다. 이렇게 특별한 경우를 제외하고선, 상가 또는 오피스텔 투자는 매월 월세 받기를 목표로 하는 수익형 투자로 볼 수 있다.

일본의 '맨션(マンション)'은 우리나라의 '아파트'와 비슷하다. 비교적 소득이 높은 사람들이 선택하는 주택으로, 공동 커뮤니티 시설이 있고, 주로 입지가 좋은 곳에 있어 살기 편하다. 정확

표 2 부동산 용어 비교

한국 용어	일본 용어	형태
단독주택	잇코닷테(一戸建て)	한 세대가 독립된 형태의 개별 주택
다가구 주택, 상가주택	일동아파트(一棟アパート)	한 건물에 여러 세대가 거주하는 목조 임대 주택
다가구 주택, 상가주택	일동맨션(一棟マンション)	철골조, 콘크리트 구조 등의 임대형 맨션으로, 건물 전체가 하나의 등기로 되어 있고, 여러 세대가 각 호실에 입주함.
빌라(다세대 주택), 아파트	구분맨션(区分マンション), 맨션(マンション)	중층 콘크리트 구조의 공동주택 중 구분 등기하여 소유하는 형태
오피스 빌딩	오피스 빌딩(オフィスビル)	사무실을 주 용도로 사용하는 건물로 상업 시설과 함께 있는 형태
주상복합, 고층 아파트	타워맨션(タワーマンション)	20층(높이 60미터) 이상의 고층맨션으로, 특히 내진설계기술의 발전으로 최근 다수 등장한 신축맨션을 가리키며, 전망이 좋거나 커뮤니티 시설이 있는 등 생활 편의성이 좋음.
주상복합, 고층 아파트	레지던스(レジデンス)	고급 주거용 맨션으로, 프리미엄 이미지를 가지고 있는 고급형 주거 형태
상가빌딩 (꼬마빌딩)	일동상업빌딩(一棟商業ビル)	주 용도가 상업용으로 사용되며, 건물 전체가 하나의 등기로 되어 있음.

히는 '구분맨션(区分マンション)'이라고 한다. 맨션의 투자 목적은 기존에는 월세 수입이었으나, 특히 최근의 고층 맨션이나 타워 맨션의 경우에는 시세차익을 목표로 한다.

처음에는 고소득 맞벌이 부부들이 실거주 목적으로 고층 맨션을 매입하는 경우가 많았다. 그런데 점점 더 신축 고층 맨션이 인기를 얻게 되자, 2022년부터 급격히 가격이 오르게 되었다. 거주를 위해 좋은 집을 샀더니 가격이 올라서 시세차익을 거둔 대표적인 '실거주용 똘똘한 한 채' 투자가 된 셈이다. 현재는 고층 맨션이 시세차익형 투자처로 자리매김한 상태다. 또한 일본에는 전세 제도가 없기 때문에 보증금은 월세의 1~2개월치 정도밖에 되지 않아 갭투자는 불가능하다.

자료3 한국 아파트와 유사한 형태의 일본 구분맨션

또한 일본의 '일동아파트(一棟アパート)'는 우리나라의 '다가구 주택'과 비슷한 개념이다. 일동아파트도 다가구 주택처럼 월세 수익을 원하는 수익형 투자라고 볼 수 있다. 일동아파트에 투자하는 사람은 실거주보다는 대부분 세입자가 있는 상태에서 인계받고, 투자론이라고 부르는 대출을 받는다. 투자론은 일본인이거나 일본 영주권을 보유한 외국인한테 유리하다. 그동안 거래된 사례

들을 살펴보면, 약 7,000만 엔 전후의 일동아파트를 금리 1~2%대로, 대출금 90%를 실행했다. 자기자본 1,000만 엔 남짓만 들이고 월세를 받는 일동아파트 투자를 할 수 있다. 일본에서는 일동아파트 투자가 꾸준한 월세 수입이 있는 '검증된 투자 방식'이라고 생각한다. 이런 인식 덕분에 은행에서도 선호하는 편이다.

자료 4 한국 다가구 주택과 비슷한 형태의 일본 일동아파트

이렇게 일본인 투자자들은 본인이 거주하기 위한 맨션을 똘똘한 한 채 방식으로 투자하거나, 월세 수익이 있는 일동아파트를 금리와 대출금이 유리한 대출을 이용해서 투자한다. 그리고 이 두 가지는 모두 주택이다.

여기에서 물음표가 피어난다. 일본에도 우리나라의 근린생활 시설과 같은 구분 상가도 있고, 오피스, 상업 건물도 있다. 그런데 왜 일본 투자자들은 상업용이 아닌 주택인 일동아파트에 주로 투자할까? 일본에서 '상업용 부동산'의 위치는 어디에 있을까?

한국에서 상업용 부동산에 투자가 몰리는 이유

다시 한국으로 돌아와보자. 부동산 투자자들은 월세를 받으려면 다가구 주택 아니면 상가 건물을 선택해야 한다. 부동산 투자를 조금 해본 사람들이라면 이 둘에 엄청난 차이가 있다는 것을 금세 알아챈다.

다가구 주택은 3개 층 이하로 되어 있고, 총면적은 660㎡ 이하, 세대수는 19세대 이하의 주택 건물이다. 우리가 흔히 빌라라고 한다면 다가구 주택의 한 호실 또는 다세대 주택을 말하는데, 형태는 비슷하지만 다가구 주택은 여러 호실의 소유자가 1명이고 다세대 주택은 각 호실의 소유자가 다르다. 정확한 구분으로는 다가구 주택은 건축물의 용도상 단독주택이고, 다세대 주택은 공동주택이다.

주택은 사람들이 살아가는 공간이기 때문에 수요가 꾸준하다. 특별한 단점이 없는 한, 약간의 가격 조정만으로도 공실이 거의 없이 잘 운영할 수 있다. 무엇보다 다가구 주택은 규모가 크지 않기 때문에 혼자 관리도 어렵지 않게 할 수 있다. 그래서 노후대책으로도 꾸준히 언급되는 투자다. 장점만 있는 투자처럼 들리지만, 여기에는 치명적인 문제가 하나 있다. 바로 주택 수이다.

만일 다가구 주택을 매입하면 주택 수에 1채가 더 추가된다. 내가 살고 있는 주택을 1채 보유한 상태에서 다가구 주택을 매입하면 나는 2주택자가 된다. 대한민국에서 '1주택자'란 정말 큰 의미가 있다. 막강한 세제 혜택을 받기 때문이다. 주택을 하나만 보유하고 있다면 누릴 수 있는 세금 혜택이 많은데, 그중 가장 강력한 한 가지는 '1가구 1주택 비과세 특례'다.

표3   한국의 다가구 주택과 다세대 주택 비교

구분	다가구 주택	다세대 주택
정의	한 사람이 소유한 하나의 주택 안에 여러 가구가 사는 형태	각 세대(호실)가 따로 구분되어 **개별 등기**되는 주택
소유 구조	전체 건물을 한 명이 소유	세대별로 개별 소유 가능 (분양 가능)
등기 형태	전체 건물 단일 등기	세대별 **구분 등기**
건축 기준	단독주택 기준 적용	공동주택 기준 적용
분양 여부	**불가** (전체 통으로만 거래 가능)	**가능** (1세대 단위 매매 가능)
주요 활용	소형 임대주택, 수익형 부동산	분양형 도시형 생활주택, 투자용

내가 거주하는 주택을 팔고 새 주택을 살 때, 쉽게 말하자면 더 좋은 아파트로 이사 갈 때 매매가액 12억 원까지 양도 차익에 대한 세금이 없다. 약간의 조건이 붙기는 하지만, 대개 실거주용 아파트 투자를 하고 있다면 대부분 이 특례를 받을 수 있다. 만일 5억 원에 지금의 집을 매입했고, 1채만 보유한 상태 그대로 추후 12억 원에 매도한다면 7억 원의 양도 차익이 생긴다. 특례 조건을 잘 맞춘 상태라면 1원의 양도소득세도 내지 않고 고스란히 수익이 된다!

이는 다른 어떤 수익보다도 더 크다. 아무리 다른 투자를 잘해서 월세를 더 받더라도 양도 차익의 세금을 0원으로 만드는 수익보다 더 크기는 쉽지 않다. 그렇다 보니 실거주용 주택을 보유한 채로 다가구 주택을 추가 매입한다면 이런 엄청난 세금 혜택을 포기해야 하는 상황이 되어버린다. 다가구 주택 투자를 망설이게 하는 가장 큰 단점이 바로 주택 수 추가다.

따라서 월세 수입을 원하는 한국 투자자들은 주택 수와 관련 없는 상업용 부동산으로 눈길을 옮긴다. 근린생활시설, 우리가 흔히 상가라고 말하는 형태이다. 보통 근린생활시설로만 이루어진 상가 건물을 줄여서 '근생'으로만 이루어진 '올(all) 근생 건물'이라고 부른다. 근생은 주택 수에 영향을 주지 않기 때문에 주택은 주택대로 세제 혜택을 받으면서 투자하고, 근생 투자로 월세 수입을 노린다. 이러한 근생 빌딩 투자는 우리나라에서는 '꼬마 빌딩 투자'라고 부르는 꽤 인기 있는 투자처다.

일본에서 주택 투자가 일순위인 이유

그런데 일본은 부동산 투자자에게 주택 수가 별 의미가 없다. 일본에도 '거주용 주택 특별 공제'라고 하는 거주 주택의 세제 혜택이 있기는 하지만, 보유 주택 수와는 관계가 없다. 일본에서는 주택을 여러 채 가지고 있어도 내가 살고 있는 주택을 팔 때의 세금 혜택에 영향을 주지 않는다. 그러니 다른 주택을 보유하면서 월세 소득을 받더라도 얻을 수 있는 혜택이 줄어들지 않기 때문에, 일본인들은 월세를 받을 수익형 부동산으로 주택을 선택해도 괜찮다. 게다가 일본에서는 개인이 주택을 10채 넘게 보유하고 임대를 주고 있으면, 임대사업자로서의 혜택이 더 주어진다. 자세한 내용은 책의 주제를 벗어나기 때문에 서술하지 않겠지만, 여튼 주택 수가 늘어난다고 해서 투자자에게 해가 되는 일은 그다지 없다.

주택 수에서 자유로워진다면 주택을 수익형 투자의 대상으로 삼는 선택은 아주 유리하다. 주택은 사람들의 필수재인 의식주에서 주를 담당한다. 사람은 어디서든 꼭 살아갈 공간이 필요하다. 따라서 그 공간을 미리 차지해 둔다면 투자에 있어서 무척 유리하다. 일본은 1인 가구 비율이 약 40%로, 거의 두 집 중 한 집이 1인 가구다. 그래서 원룸의 수요가 우리나라보다 훨씬 더 높은 편이다. 그렇다 보니 위치가 좋고 신축 또는 리폼으로 관리가 잘된 원룸의 인기는 꾸준하다.

이전에는 일본에서도 오래되고 낡은 원룸이라면 매매가와 월세 모두 떨어지는 현상이 있었지만, 일본 부동산 가격이 조금씩 오르는 변화와 더불어 도심부에서 위치가 좋은 원룸은 계속해서 인기가 많고, 그만큼 월세도 오르고 있다. 경기에 따라 공실이 생길 수도 있는 위험이 있는 상업용 부동산보다는 주택이 공실 면에서도 안전하고, 월세까지 오르는 현상이 겹쳐진 것이다.

일본 서점에서 부동산 투자 코너에 가보면 무수히 많은 책이 '일동아파트로 월세 받는 방법'을 소개한다. 집합 주택을 여러 개 사서 월세를 받고, 그 현금흐름으로 다시 새 주택을 매입하고, 다시 현금흐름을 늘려나가는 방법, 바로 이 루트가 일본 투자자들에게 있어서 부동산 투자의 정석이었다. 즉, 부동산 투자는 곧 일동아파트 투자라는 하나의 공식이 성립된다.

이런 상황에서 일본의 상업용 부동산 투자는 점점 자리가 밀려날 수밖에 없다. 주택 수 때문에 곤란한 일도 없고, 공실에서도 비교적 유리하고, 게다가 월세까지 올라가는 주택을 마다하고 상업용 부동산을 선뜻 투자할 이유가 없다. 게다가 상업용 부동산은 공실이 날 수도 있고, 무엇보다 경제 상황이나 지역을 뚜렷하게 타는 경향이 있다. 그렇다 보니 일반적인 개인 투자자는 굳이 상업용 부동산에 손을 대지 않는 경우가 많다.

상업용 부동산이 기회가 되는 3가지 이유

그런데 한국인인 나는 이 부분이 오히려 기회로 보였다. 일본인들은 당연하게 상업용 부동산보다는 주택을 선택하고, 또 그렇게 늘려나가고 있다. 반대로 상업용 부동산의 인기는 그다지 없다. 모두가 주택을 바라보고 있을 때, 나는 상업빌딩을 다시 체크했다.

첫째, 상업용 부동산은 보증금 규모가 다르다. 일본의 주택 임대에서는 통상적으로 '시키킨(敷金)'이라 불리는 보증금이 1~2개월치 수준인 경우가 많고, '레이킨(礼金)'이라는 일종의 사례금이 별도로 있다. 그런데 상업용 부동산에서는 보증금이 '호쇼킨(保証金, 계약보증금)'이라는 이름으로 불린다. 레이킨은 없다. 그런데 보증금이 월세의 6~12개월분에 달하는 경우가 많다. 예컨대 월세가 20만 엔인 소형 상업용 공간이라 해도 보증금만 200만 엔을 넘기는 일이 흔하다. 만일 같은 20만 엔의 월세 호실이 5개로 이루어진 1억 엔짜리 수익형 건물을 매입한다고 생각해보자. 매매가액과 대출 가능 금액 등의 나머지 조건은 동일하다.

(단위: 만엔)

분류	일동아파트(주택)	상업빌딩(상업)
매매가	10,000	10,000
대출(50%)	5,000	5,000
보증금(호쇼킨)	200	1,000
사례금(레이킨)	100	-
필요 초기자금	4,700	4,000

주택의 경우라면 보증금과 레이킨을 다 합하여 300만 엔 정도를, 상업빌딩이라면 보증금만으로 1,000만 엔을 받을 수 있다. 이렇게 보증금 규모가 더 커지기 때문에 투자자에게는 초기 투자금을 줄여주는 역할을 한다.

둘째, 계약 기간과 조건도 상이하다. 일반 주택은 2년 단위의 갱신형 계약이 대부분이며, '보통 임대차 계약(普通借家契約)'이라는 형태다. 일본은 한국보다 임차인의 권리가 센 편이다. 계약이 종료되어도 주택에서 거주하고 있는 임차인을 내보내기가 쉽지 않다. 계약이 끝나면 퇴거가 당연하지 않고, 나가지 않는 것이 당연하다.

반면 상업용은 '정기 임대차 계약(定期借家契約)'이 자주 사용된다. 이 계약은 계약 기간이 끝나면 자동 연장이 되지 않고, 양 당사자가 다시 계약을 체결하지 않는 한 계약이 종료된다. 우리나라의 계약과 동일하다고 보면 된다. 일본에서는 상가임대차보호법과 같은 규제도 따로 없다. 즉, 계약 기간이 종료되기만 하면 임차인을 재임차시키거나 내보낼 수 있는 자유로운 상황이 된다. 건물주의 입장에서는 리스크를 줄이고 유연하게 임대 계획을 조정할 수 있다는 장점이 있다.

셋째, 수리비를 부담하는 면에서도 주택과 상업용은 완전히 다르다. 주택 임대에서는 벽지나 바닥, 기본 설비의 노후화에 따른 수리는 일반적으로 건물주가 부담한다. 하지만 상업용 부동산에서는 대부분 임차인이 원상복구를 해야 한다. 예를 들어 음식점이나 미용실과 같은 업종이 나가게 될 경우, 내부 인테리어를 모두 철거하고 바닥, 천장, 벽면까지 완전한 공실 상태로 복구해야 하는 경우가 많다.

이 구조를 자세히 들여다보니, 나는 상업용이야말로 임대인에게 더 높은 수익률과 더 유리한 계약을 가져다줄 수 있다는 생각이 들었다. 그래서 나는 두 번째 투자로 도쿄 스카이트리 근방에 있는 상업빌딩을 취득했다.

상업시설이 발달한 역세권 입지에 있는 두 번째 건물은 매입 당시부터 사람들의 발길이 끊이지 않는 거리 한복판에 자리하고 있었다. 인근에서 계속해서 개발되고 있는 관광 명소, 재개발 예정지와의 거리, 그리고 향후 도로 계획까지 꼼꼼히 확인했다. 작은 꼬마빌딩이지만 유동인구, 앞으로의 관광 호황, 개발 계획 등을 고려한 결과였다. 임대수익뿐 아니라 시세차익을 중심에 두고 '가치가 올라갈 입지'인지를 우선적으로 검토했다.

표 4 한국과 일본의 주요 부동산 투자 유형과 특징

국가	한국			일본		
형태	시세차익형	임대수익형	임대수익형	시세차익형	임대수익형	임대수익형
투자 유형	아파트	다가구 주택	오피스텔, 상가, 꼬마빌딩 등	구분맨션 (고층맨션, 타워맨션)	일동맨션, 일동아파트	상업빌딩 등
구분	주택	주택	상업용	주택	주택	상업용
주택 수 여부	주택 수 포함	주택 수 포함	주택 수 미포함	주택 수 의미 없음	주택 수 의미 없음	주택 수 의미 없음
장점	실거주 동시 해결, 높은 오름폭	실거주 동시 해결, 관리도 쉬운 편	월세 수입	실거주 동시 해결, 높은 오름폭	세금 혜택이 있음, 공실률 적음	보증금 규모가 큼, 임대차 계약 종류가 다름
단점	사이클	세금 전략 어려움	시세차익 어려움, 공실 가능성	사이클	구축 감가가 큰 편	젠트리피케이션, 공실 방어 어려움

이미 일본 현지 투자자들 사이에서 작은 상업빌딩은 '공실 위험이 높다'며 그다지 선호하지 않는 자산이었지만, 나는 그 인식의 틈을 비집고 들어갔다. 덕분에 가격도 합리적이었고, 조건 역시 내가 협상할 수 있는 여지도 많았다. 결과적으로 이 선택은 또 다른 가능성을 증명하게 될 시작이 되었다.

관리 아웃소싱은 선택이 아닌 필수

일본 부동산 투자에서 관리 아웃소싱은 선택이 아닌 필수다. 한국에 살면서 일본에 투자하다 보니 물리적으로 현장 대응이 어려운 탓이다. 내가 한국에 살면서 일본 부동산에 대한 계약부터 관리, 수선까지 모든 단계를 직접 처리하기란 사실상 불가능에 가깝다. 또한 언어가 다른 점도 문제이지만, 또 다른 문제는 한국에서 당연하게 여겼던 부분이 일본에서는 그렇지 않은 일도 더러 있는 문화적 차이다. 여러 면에서 우리의 일을 대신해줄 현지 파트너가 필요하다. 일본 부동산에서의 관리회사 시스템은 이런 문제들을 완벽하게 커버해준다.

관리회사가 하는 일은 '임대인이 해야 하는 일의 거의 전부'다.

나를 대신해서 대부분의 일을 한다. 대표적으로 임차 계약이 있다. 나는 지금도 그렇고, 이전부터도 내 부동산의 임차인을 실제로 본 적도, 직접 전화 통화를 해본 적도 없다. 그럼에도 전혀 문제가 없다. 관리회사가 나를 대신해서 임차인과 만나고, 이야기하고, 월세를 받아 준다. 이는 아주 기본적인 업무일 뿐이다. 조금 더 구체적으로 살펴보자.

기본적인 관리

원래도 임대인과 임차인의 관계는 조금 껄끄럽기 마련이다. 살면서 좋은 일만 있으면 좋겠지만, 우리네 삶이 사실 그렇지가 않다. 특히 임차인에게서 연락이 오는 경우는 대부분 안 좋은 일이 생겼을 때다. 이는 비단 건물주가 아니더라도, 부동산 임대를 해본 적이 있는 사람이라면 누구나 공감할 내용이다. 어디선가 물이 샌다거나, 갑자기 전기가 나간다거나, 멀쩡했던 수도가 고장 났다거나 등등. 이뿐만이 아니다. 이번 달에는 사정이 있어 월세를 못 낼 것 같다거나, 월세를 나누어서 내도 되겠냐는 등 별별 상황이 다 생긴다. 이럴 때 임대인과 임차인이 직접 마주하면서 가끔은 얼굴 붉히는 일이 생기기도 한다. 사람은 다 자신의 입장에서 해석하니까 말이다.

이럴 때 중간에 제3자인 관리회사가 있다면 일 처리는 훨씬 더 수월해진다. 문제를 좀 더 객관적으로 바라보고 처리할 수 있기 때문이다. 임차 관리는 관리회사가 해야 하는 일이다. 즉 회사에서 하는 '업무'에 속한다. 대다수의 임대인들은 부동산에 꽤 많은 애정을 갖고 있기 때문에, 어떤 일이 발생하면 감정적으로 대응하는 경우가 생길 수밖에 없다. 하지만 관리회사 사람들이라면 어떤 일이 일어나면 업무이기 때문에 그에 맞게 객관적으로 행동할 수 있다. 임차인들이 무리한 요구를 하는지, 혹은 임대인이 합리적인 판단을 하고 있는지 등에 대해서 한 발짝 떨어져서 볼 수 있다.

재계약과 명도

재계약을 하거나 명도를 진행할 때도 관리회사 사람들은 전문가다. 수많은 임차인들과 보증회사를 겪어 보았기 때문이다. 재계약을 할 때에는 대부분 이전과 동일하게 계약이 이루어지는 경우가 많다. 특이사항이 없다면 이전의 월세, 보증회사, 보증인 그대로 연장된다.

하지만 최근과 같이 월세가 오르는 경향이 있는 지역이라면 월세 인상을 제시하기도 한다. 물론 월세 인상을 받아들이느냐, 마느냐는 임차인의 손에 주어져 있다. 만일 임차인이 월세 인상을 거부한다면 딱히 방법은 없다. 계속해서 설득하거나 합리적인 근거를 대면서 법적 공방으로 이어지기도 한다. 이런 면에서도 관리회사 사람들은 전문가다. 임대인에게 적절한 수준으로 중간에서 조율할 수 있다.

퇴거 시 원상복구 확인

임차인이 먼저 퇴거하는 경우도 있다. 계약 기간을 채우지 않고 미리 나가는 경우다. 이 경우 우리나라에서는 대부분 임차인이 복비를 부담하고 다음 세입자도 구하고 나간다. 하지만 일본에서는 임차인이 '해지예고위약금(解約予告違約金)'이라고 하는 월세의 1~2개월치에 해당하는 금액을 지불하면 퇴거할 수 있다. 처음 임차 계약을 할 때, 해지예고위약금을 결정하게 된다. 관리회사가 임차인의 입장이 되어서 퇴거 일자를 조율한다.

임차인이 퇴거할 때 중요시되는 부분은 원상회복의 기준이다. 어느 부분까지 임차인이 부담해야 하는지에 대한 것이다. 한국에서는 임차인과 임대인 간에 무수히 많은 다툼이 벌어진다. 사용하면서 고장 나거나 헤진 부분을 누구 탓이네, 누구 비용 부담이네 하며 갈등이 생긴다. 임차인은 문제가 되는 부분을 보면서 오래돼서 그렇다고 주장하고, 임대인은 임차인이 잘못 써서 고장이 났다고 주장한다.

이때도 일본 관리회사의 진가가 드러난다. 일본에는 임차인과 임대인이 부담해야 하는 부분에 대해서 객관적인 기준이 마련되어 있다. 이 가이드라인은 설명서만 170페이지에 달한다. 하나하나 상세하게 가이드를 마련해두었기 때문에, 문제가 되는 부분이 생기면 가이드라인을 참고한다. 그리고 관리회사는 중간에서 최대한 객관적으로 비용을 분담시킨다. 물론 이렇게 해도 다툼은 일어날 수 있다. 하지만 그 과정을 임대인이 직접 처리할 때와 관리회사가 대신해줄 때에는 큰 차이가 있다. 동일한 상황을 바라보지만, 상황에 따라 언행이 달라진다. 그러면서 일이 보다 수월하게 처리된다.

이렇게 관리회사는 임차인을 관리하는 일에 있어서 중요한 역할을 한다. 임차인과 임대인이 직접 마주할 때보다 일 처리 자체는 조금 늦어질 수 있겠지만, 해결한다는 결과 측면에서 바라본다면 훨씬 더 합리적이고 효율적이다. 지금까지 내가 겪어온 한국에서의 임대와 일본에서의 임대를 비교해보면 그런 결론이 나온다.

소방 점검 및 보수까지

건물이라면 소방 점검, 외벽 및 내장재 관리, 엘리베이터 및 기타 공용 시설의 보수 등과 같은 시설 관리 역시 관리회사가 맡아주는 중요한 업무 중 하나다. 특히 일본은 지진과 같은 자연재해가 잦아 건물의 유지보수 상태가 임차인의 안전과 직결된다. 정기 점검은 단순한 유지관리 차원을 넘어, 법적 책임과 직결되는 중요한 요소다. 일정 규모 이상의 건물은 법적으로도 정기 점검 및 보고 의무가 있으며, 이를 누락할 경우 건물주에게 과태료가 부과되기도 한다.

외국인 투자자가 완벽하게 일본의 제도를 이해하기는 어렵다. 나 역시 건물 관리를 관리회사가 맡아준 덕분에 문제없이 건물을 운영할 수 있었다고 생각한다. 관리회사는 나보다 현장 경험이 많고, 법적·기술적 지식도 풍부하다. 어떤 부분이 노후되어 수리가 필요한지, 혹은 어떤 시설이 문제가 될 수 있는지를 현장에서 직접 판단하고 조치해준다.

무엇보다 일본의 건축법, 소방법, 지역 조례 등에 익숙한 전문가들이기 때문에, 불필요한 행정 리스크를 줄이는 데도 큰 도움이 된다. 덕분에 나는 복잡한 유지 관리 문제에서 벗어나 더 본질적인 투자 판단과 전략 설계에 집중할 수 있었다. 건물은 단지 소유하는 물건이 아니라 '운영'해야 하는 자산이고, 그 운영을 맡길 수 있는 전문가가 있다는 사실은 일본 부동산 투자에 있어 큰 든든함 중 하나였다.

높은 수수료는 단점

다만 하는 일이 많은 만큼 관리회사의 관리 수수료는 적지 않다. 오히려 다소 높다. 임차 관리 수수료는 월세의 5% 안팎이 일반적이며, 건물 관리 수수료는 시설 규모나 상태에 따라 별도로 부과된다. 상업용의 경우 추가 비용이 붙기도 한다.

관리회사에서는 임차 보고서를 매월 1회 발행하고, 그달의 월세 수입과 공과금 지출, 관리회사 수수료 공제 등의 내용이 담겨 있다. 나는 당시 매월 월세 수입에서 5%를 임차 관리 수수료로, 매월 22,000엔이라는 정해진 금액을 건물 관리 수수료로 납부했다. 공실이 있으면 공실을 빼고 남은 임차인들에게 받은 월세에서 5%를 임차 관리 수수료로 낸다. 대신 22,000엔의 건물 관리 수수료는 그대로다. 수수료 비중이 커지는 격이다.

다음은 내가 실제로 받았던 관리회사의 임차 보고서다. 이달에 4층 신규 세입자가 들어오면서 월세 수입 760,342엔과 보증금 480,000엔, 레이킨 240,000엔이 포함되어 총수입이 1,480,342엔이 되었다. 보증금은 임차인이 나가면서 돌려주어야 하는 금액이고, 레이킨은 고스란히 임대인의 수익이 된다. 하단 공제액은 건물 관리 수수료 22,000엔, 5월의 전기요금, 3~4월의 수도 요금(2개월분씩 납부), 관리회사에 내는 업무 위탁 수수료(임차 계약 체결 시 납부), 관리회사에 내는 특별 광고비(세입자 모집을 빠르게 하기 위해 선택한 광고), 관리회사에 내는 임차 관리 수수료(월세 금액의 5%)가 있었다. 전부 572,490엔이었다. 그래서 내 통장에 입금된 금액은 최종적으로 907,852엔이었다.

자료 5 관리회사 보고서 예시

관리회사 지불명세서						(단위: 엔)
물건지명	지불연월	합계액	공제액	송금액		
○○○○○	2022/06	1,480,342	-572,490	907,852		
층수/세입자 성명	월 수입 (임대료)	계약일시금 (보증금/레이킨/기타)	계약료/ 갱신료 등	합계	입금일	비고
1층/○○○	178,095			178,095	2022.5.30	
2층/○○○	203,247			203,247	2022.5.25	
3층/○○○	139,000			139,000	2022.5.31	
4,5층/○○○	240,000	480,000/240,000		960,000	2022.5.24	6월 1일 입주
총합계	760,342			1,480,342		
공제액						
건물 관리 업무 수수료				-22,000		
당월 전기요금/ 수도요금				-6,579		
업무위탁료				-264,000		
별도광고료				-240,000		
임차 관리 수수료				-39,911		
공제액 합계				-572,490		
물건 합계				907,852		
입금처 계좌	계좌번호	송금액				
○○○은행 ○○지점	000000	907,852				

도쿄에서 보는 상위 10개 관리회사

관리회사는 일본 부동산 시장에서 오랜 시간 동안 중요한 역할을 해온 만큼, 규모도 상당하다. 특히 도쿄를 중심으로 활동하는 대형 관리회사들은 자산 규모, 관리 물건 수, 장기 임대 유지율 등에서 높은 성과를 기록하고 있으며, 브랜드 이미지와 세입자 대응력 또한 투자자들이 회사를 선택할 때 중요한 기준이 된다.

어떤 회사는 주로 맨션 위주가 되고, 어떤 회사는 중소형 빌딩이나 공실 대응에 특화되어 있기도 하는 등 각자 강점도 뚜렷하다. 관리 호수가 많은 곳, 지역 밀착형, 만족도가 높은 곳 등 관리회사별 특징을 파악하여 선택하는 것이 중요하다. 특히 일본어가 원활하지 못한 상황이라면 한국어나 영어 대응이 가능한 곳을 찾는 방법도 대안이 될 수 있다. 관리회사 선택은 건물의 공실률과 수익률에 실질적 영향을 미친다는 점에서, 단순한 외주가 아니라 투자의 연장선이라는 점을 잊지 말아야 한다.

월세의 5%라는 금액은 절대 무시할 만한 숫자가 아니다. 손에 쥐게 되는 수익에서 그대로 빠져나가기 때문이다. 실제로도 관리회사 수수료의 존재 자체는 일본 부동산 투자를 시작하려는 예비 투자자들에게 투자를 망설이게 하는 첫 번째 장벽이 되기도 한다. 하지만 일본에서의 관리 아웃소싱은 단순한 대행이 아

표 5	도쿄도 임대 관리회사 랭킹 10		
순위	회사명	관리호수	주요특징
1	다이토켄타쿠 그룹 (大東建託グループ)	128만 호 이상	28년 연속 전국 1위. 전국 235개 점포 운영, 입주율 97% 이상.
2	세키스이 하우스 부동산 그룹 (積水ハウス不動産グループ)	29.3만 호 (도쿄 PM 기준)	민간 임대 주택 브랜드 유명. 입주율이 높고 장기 운영에 강함.
3	다이와 리빙 (大和リビング)	702,859호	입주율 97.4%, 최장 40년 장기 보증 등 그룹 서포트 체제 있음.
4	레오팔레스21 (レオパレス21)	비공개 (과거 50만 호 추정)	1인 가구 임대관리 특화.
5	하우스메이트 그룹 (ハウスメイトグループ)	257,420호	창업 50주년 역사, 법인 계약 실적 많음, 리폼·자산 컨설팅 서비스 제공.
6	토켄 코퍼레이션 (東建コーポレーション)	255,416호	1976년 설립, 토지 활용 특화, 리스경영 시스템 운영.
7	도큐 주택 리스 (東急住宅リース)	14만 호	도큐그룹 계열·맨션·단독주택·주차장 등 다양한 종류 대응 가능, 리노베이션 제안, 자산 컨설팅.
8	아사히카세이 부동산 레지던스 (旭化成不動産レジデンス)	12만 호 이상	민간 임대 주택 브랜드 유명. 30년 일괄차용 시스템, 입주율 97.8%.
9	스타츠 어메니티 (スターツアメニティー)	125,418호	스타츠그룹 계열, 35년 실적.
10	무사시 코퍼레이션 (武蔵コーポレーション)	30,016호 (2017년 기준)	관동권 특화, 투자용 일동맨션 특화, 상속·자산형성 지원.

〈출처 : 필자 요약. 관리회사 랭킹은 발표하는 주체에 따라 조금씩 결과가 다르기 때문에 다양하게 살펴본 후 결과를 종합적으로 살펴봐야 한다.〉

니라, 투자자 스스로가 의사결정에 집중할 수 있도록 만들어주는 핵심 인프라다. 이러한 구조를 신뢰할 수 있을 때, 비로소 우리는 거리의 한계를 넘어 투자를 할 수 있게 된다. 실질적으로는 그 비용 이상의 역할을 해주기도 하고 말이다.

일본의 상업빌딩, 기회의 지도 펼치기

한국과는 다른
일본 빌딩의 세계

　본격적인 투자를 논하기 전에 일본 부동산의 기본 틀과 투자 사고방식을 살펴보고, 주택과 상업용 빌딩의 차이를 중심으로 하는 투자 방식을 소개했다.

　이번에는 그보다 조금 더 깊이 들어가, 실제 일본 부동산 투자 사이트에서 분류하는 방식에 따른 각 부동산 종류를 살펴보고, 그 특징을 하나씩 들여다보려 한다. 우선 구분은 주택용과 상업용 그리고 주택과 상업용이 합쳐진 형태이다. 지금까지 앞에서도 여러 번 반복적으로 등장했던 용어이기 때문에 조금은 익숙해졌으리라 생각한다.

표6 일본 부동산 종류

주택용		상업용		주택 + 상업용	
종류	용어	종류	용어	종류	용어
戸建賃貸	단독 주택	一棟商業ビル	일동상업빌딩	賃貸併用住宅	임대병용주택
一棟アパート	일동아파트	倉庫	창고		
一棟マンション	일동맨션	工場	공장		
区分マンション	구분맨션	駐車場	주차장		
		ホテル	호텔		
		区分店舗	구분 점포		
		区分事務所	구분 사무소		
		土地	토지		

⟨출처 : 필자 요약, 부동산 투자 사이트 라쿠마치(www.rakumachi.jp)의 부동산 종류 구분 참고⟩

그렇다면 우리나라는 어떨까? 사람들이 쉽게 접하는 네이버 부동산을 예를 들어 한번 살펴보자. 구분은 앞서 일본 부동산 종류와 마찬가지로 세 가지로 나뉜다.

표7 한국 부동산 종류

주택용	주택 + 상업용	상업용
아파트	오피스텔	상가
빌라/연립	상가주택	사무실
단독/다가구		공장/창고
전원주택		지식산업센터
한옥주택		건물(빌딩)
		토지

⟨출처 : 네이버 부동산⟩

2장 일본의 상업빌딩, 기회의 지도 펼치기

통상적으로 상업용 부동산이라고 하면 사무실, 음식점, 숙박 시설, 병원, 학원과 같이 사람들이 '돈을 벌기 위해서' 이용하는 공간이다. 들어오는 임차인도 다양하다. 일반 개인이 될 수도, 기업체가 될 수도 있다. 프랜차이즈 카페를 들인다면 기업이 임차인이 되고, 동네 카페를 들인다면 개인이 임차인이 된다.

주택과 비교해보면 대개 상업용 부동산의 임대료가 더 높은 편이다. 사람들이 자신의 생계를 위해서 임차를 하는 특징 때문이다. 임차인은 자신의 비즈니스가 잘될 곳이라고 판단하면 기꺼이 높은 임대료를 지불한다. 이때 부동산이 너무 낡거나 구축이라는 이유만으로는 크게 문제가 되지 않는다. 상업용 부동산은 내부 시설을 전부 철거한 후 다시 새로운 인테리어를 하기 때문이다. 상업용 부동산을 결정짓는 가장 중요한 요소는 기존의 시설이나 설비가 아니라, 어디에 자리하고 있는가 즉 입지다. 결국 좋은 입지에 있는 상업용 부동산일수록 비싸진다.

반면에 주거용 부동산은 사람이 살아가는 공간이다. 아파트(맨션), 단독 주택, 원룸, 기숙사 등이 있고, 들어오는 임차인은 대부분 개인이다. 한국에서는 전세 제도가 있기 때문에 임대료를 비교하기에는 좀 무리가 있지만, 일본을 포함해 전 세계적으로도 일반적인 월세 시장을 비교해보면 주거용은 상업용에 비해서 임대료가 저렴한 편이다.

일본 상업용 부동산의 정확한 구분은 일본 도시계획법의 용

표 8 일본의 용도지역

용도지역		설명	건폐율	용적률
주거계 住居系	제1종 저층 주거 전용 지역 第一種低層住居専用地域	단독주택, 건물 높이 10m, 12m	30–60%	50–200%
	제2종 저층 주거 전용 지역 第二種低層住居専用地域	단독주택	30–60%	50–200%
주거계 住居系	제1종 중고층 주거 전용 지역 第一種中高層住居専用地域	단독주택, 저층 아파트(~3층)	30–60%	100–500%
	제2종 중고층 주거 전용 지역 第二種中高層住居専用地域	아파트, 단독주택, 대형점포	30–60%	100–500%
	제1종 주거지역 第一種住居地域	아파트, 학교, 사무실, 병원, 호텔	50–80%	200–400%
	제2종 주거지역 第二種住居地域	상업시설 다수 (건축 제한 없음)	50–80%	200–400%
	준주거지역 準住居地域	국도 등을 따라 위치 (건축 제한 없음)	50–80%	200–400%
	전원 주거지역 田園住居地域	단독주택(~2층)	30–60%	50–200%
상업계 商業系	근린상업지역 近隣商業地域	맨션 등	60, 80%	100–500%
	상업지역 商業地域	건축 제한 없음	80%	200–1300%
공업계 工業系	준공업지역 準工業地域	공장, 학교, 숙박시설, 병원 등 (건축 제한 없음)	50–80%	100–500%
	공업지역 工業地域	건축 제한 없음	50, 60%	100–400%
	공업 전용 지역 工業専用地域	공장만 (주거,상업 건축 불가)	30–60%	100–400%

〈출처 : 국토교통성 '토지이용계획제도 팜플렛'〉

도지역에 따른다. 도시계획법이란 도심 지역의 용도 및 개발을 법제화한 기본법률로, 한국으로 치면 '국토의 계획 및 이용에 관한 법률'이다. 13가지 세부 용도지역 중, 상업용 부동산은 '상업계'에 포함되고, 세부적으로는 근린상업지역과 상업지역을 일컫는다. 용도지역의 구분을 살펴보면, 주거용은 한국과 일본이 거의 닮았고, 상업용의 경우에는 한국이 일본보다 더 구체적으로 지정되어 있음을 알 수 있다.

상업빌딩에 관심이 많은 투자자라면 여기서 눈에 띄는 부분이 있을 것이다. 일본의 상업지역은 한국에 비해서 대지에서 건물이 차지하는 면적 비율인 '건폐율'과 대지에 지을 수 있는 전체 연면적 비율(위로 몇 층까지 올릴 수 있느냐)인 '용적률'이 모두 낮다는 점이다! 일본의 상업지역은 건폐율 80%, 용적률 1,300%가

표9 한국의 용도지역

용도지역	세부 구분	주요 허용 용도	건폐율	용적률
주거지역	제1종 전용주거지역	단독주택, 공동주택 제한	50% 이하	50~100%
	제2종 전용주거지역	공동주택 확대 허용	50% 이하	50~150%
	제1종 일반주거지역	중저밀도 주택 + 근린생활시설	60% 이하	100~200%
	제2종 일반주거지역	중고밀도 주택 + 소규모 상업	60% 이하	100~250%
	제3종 일반주거지역	고밀도 주택 + 일부 준상업	50% 이하	100~300%
	준주거지역	주거 + 상업 + 업무 혼합	70% 이하	200~500%
상업지역	근린상업지역	일상용 상업시설 + 일부 주거	70% 이하	200~900%
	일반상업지역	백화점, 호텔 등 중심 상업	80% 이하	200~1300%
	중심상업지역	대규모 상업 중심지	90% 이하	200~1500%
	유통상업지역	도소매 위주 상업시설	80% 이하	200~1100%
공업지역	전용공업지역	중공업 중심, 주거 금지	70% 이하	150~300%
	일반공업지역	주거 일부 허용	70% 이하	150~350%
	준공업지역	산업 + 일부 상업, 주거 허용	70% 이하	150~400%
녹지지역	보전녹지지역	환경 보호	20% 이하	50~80%
	생산녹지지역	농업용 시설 가능	20% 이하	50~100%
	자연녹지지역	자연경관 + 일부 주거 가능	20% 이하	50~100%

〈출처 : 국토의 계획 및 이용에 관한 법률 시행령〉

최대치인 데 반해 한국의 중심상업지역은 건폐율 90%, 용적률 1,500%가 최대치이다. 언뜻 숫자만 봐도 무언가 이상하다. 도쿄에 있는 수많은 대형 빌딩을 떠올려 보면, 분명 용적률이 1,300%는 넘을 것 같다는 생각이 드는데 말이다.

도쿄 빌딩이 높아질 수 있는 이유

도쿄에 있는 수많은 고층 빌딩이 특히 더 높아질 수 있었던 이유는 따로 있다. '용적률 가산 제도' 때문이다. 이 제도를 통해서 각 지자체별로 특별 지구 지정을 하여, 요건을 충족시킨 계획에 대해 별도의 용적률 보너스를 부여한다. 특히 그 계획이 도시재생, 도심 그린벨트, 공공 공간 확보 등 일본 정부가 요청하는 재개발을 하는 경우라면 그 가산의 폭이 대폭 늘어난다.

도쿄를 돌아다니면 빽빽한 빌딩 숲을 볼 수 있다. 건물 간 간격이 손바닥 한 뼘도 채 되지 않는 모습이 흔하다. 이런 상황에서 도쿄도는 녹지 공간을 확보하는 데에 혈안이다. 건폐율, 용적률이 높은 상업지역에서는 특히 더 그렇다. 상업지역에 새롭게 건축하려는 디벨로퍼 모두가 오로지 수익만 따진다면 어떻게 될까? 어느 누구도 녹지나 공공시설을 넣기보다는 타워맨션으로만 수천 세대를 넣을지도 모른다. 그만큼 빽빽하게 주택을 많이 넣으면 분양을 많이 할 수 있어 수익성이 제일 높기 때문이다. 안 그래도 답답한 도시는 더 삭막해질 수밖에 없다. 이런 현상이 더 심해지기 전에 손을 쓴 것이다.

용적률 가산 제도의 혜택을 받은 대표적인 사례로 비교적 최근인 2023년에 완공된 '아자부다이힐즈'가 있다. 이곳은 본래 제2종 주거지역, 제2종 중고층 주거전용지역, 상업지역이 혼합되어 있는 곳이었다. 법정 용적률은 300~600%이고, 건폐율은 80%였다. 가중 평균을 해서 땅을 활용할 수 있는 용적률은 약 350%에 불과했다.

자료 6   아자부다이힐즈의 모습

〈출처 : www.azabudai-hills.com〉

하지만 디벨로퍼인 모리빌딩 사에서는 용적률 가산을 받기 위해서 계획을 새로 짰다. 그들은 비즈니스 교류 거점을 만드는 도시 기반 정비, 외국인도 함께 살기 좋은 생활 환경 정비, 방재 대응력 강화와 도시 환경 향상이라는 세 가지 축을 가진 도시 재생을 목표로 했다. 모두 용적률 가산을 받을 수 있는 특별 제도에 맞춘 요건들이었다. 그렇게 모리빌딩은 일본에서 가장 높은 건물을 완성시켰다. 국가 차원의 특례 절차를 받은 용적률은 1,500%이다. 단순 개발 사업을 넘어 도쿄의 미래 도시 전략의 모델이 되었다. 민간이 만들어낸 도시 재개발의 성공 사례로 볼 수 있다. 이렇게 일본은 주로 디벨로퍼가 공공 기여 인센티브를 받아서 고밀도 상업 개발을 한다. 상업지역이 지루하지 않게 다양한 높이의 건축물, 시설, 녹지 등이 잘 어우러진 이유다.

땅이 좁은 상업용에서도 유효할까

그렇다면 상업지역이긴 하지만 땅이 작은 경우는 어떨까? 이때에도 용적률 가산을 받을 수 있을까? 규모만 작아질 뿐 개념은 비슷하다. 공개 용지, 공공 보행로나 녹지 등을 설치하면 용적률을 최대 2배까지 허용받는 '종합설계제도(総合設計制度)'가 있다. 이때 적용 가능한 건축물은 500m^2 이상이며, 지어진 지 30년이 넘은 공동주택이면 된다. 핵심은 역시나 공공 기여에 있다. 일반 사람들이 자유롭게 이용할 수 있는 공간을 확보하면 용적률 가산 보너스를 준다. 다만 소규모 땅을 가지고 있는 입장에서는 과연 수익성이 어떨지에 대해서는 냉정하게 판단해볼 필요는 있다. 땅을 더 내놓고 용적률 가산을 받는 편이 유리할까? 아니면 땅을 손해 보지 않고 기존의 기준대로 짓는 편이 더 유리할까?

사람들이 공유하는 공간을 만드는 결정은 단기적으로 보면 손실로 보일 수도 있다. 하지만 숨 쉴 틈 없는 도심 속에서 약간의 공간을 만들어주기만 해도 부동산의 가치는 올라갈 수 있다는 게 내 생각이다. 아자부다이힐즈가 세계적인 주목을 받은 이유는 단순히 초고층 빌딩 때문만은 아니었다. 땅값이 일본 전국에서 손꼽힐 정도로 비싼 미나토구의 한복판에 30%라는 높은 녹지율과 지역 사회가 함께 할 수 있는 커뮤니티 등을 만든 도전은 디벨로퍼는 물론 일반 시민들의 눈에도 완전히 새로운 혁신과 같았다. 단순히 더 높은 수직 증축으로만 상징되던 부동산 개발에서 사람들을 포용하고 자연과 어우러진 개발 사업으로 또 다른 가치를 만들어낸 셈이다.

비단 대규모뿐 아니라 소규모 개발에서도 충분히 가능하다. 작지만 강한 인상의 건물은 또 다른 수익을 만들어낼 수도 있다. 줄줄이 똑같은 모습의 빌딩 숲 사이에서 조화롭게 자리한 또 다른 건물은 그 자체만으로도 별도 프리미엄을 받을 수도 있다.

이런 점은 상업빌딩 투자를 기존의 주택 투자와는 다르게 바

표 10 종합설계제도 적용 조건

항목	조건
대지 면적	500m² 이상(상업지역 기준)
도로 폭	6m 이상
공간 구성	도로 측 1/2 높이 후퇴, 녹지≥20%, 주차 대수 확보
개방	완전 공개, 장애인 대응, 공공 안전 확보

라봐야 하는 포인트가 되기도 한다. 상업빌딩 투자를 결심한 처음부터 고려할 점이 생긴다. 상업빌딩 소유자들은 땅을 온전히 단독으로만 가지고 있다. 그래서 규제를 지키는 한도 내에서 땅을 소유자 마음대로 결정할 수 있다. 또한 사람들이 살고 있는 주택이 아니고, 상권과 유동인구가 더 중요한 상업적 목적의 부동산이다. 어떻게 하면 사람들이 내 상업빌딩을 더 좋아하게 만들 수 있을까? 바로 첫 번째 고민의 시작이다.

상업빌딩은 운영하는 과정과 마지막, 재탄생까지 염두에 두고 있어야 올바른 투자가 가능하다. 살기 좋은 집을 만드는 일과 장사가 잘되는 가게를 만드는 일은 다르다. 사람들과 공동으로 힘을 합쳐 진행하는 재건축과 나 스스로 제도를 잘 활용하면서 땅을 십분 활용하는 재건축은 다르다. 개발 가능성, 확장성, 미래 가치까지 연결되는 상업빌딩의 투자는 주택과 달라야 한다. 이 과정에서 상업빌딩이 가지고 있는 특징을 잘 파악해둔다면 도움이 된다. 해당 지역의 건폐율, 용적률, 도로 너비, 경사 규제는 반드시 분석해두어야 한다.

빌딩 유형별 장단점, 어디에 투자할까

앞에서는 일본 상업지역의 법적 구분과 용도지역의 구조, 용적률 제도와 개발 방식 등을 소개했다. 특히 한국과 일본의 상업지역이 가지는 개념 차이와 일본에서 상업지역이 단순한 고층 개발이 아닌 다층적, 복합적 방식으로 전개된다는 점도 짚었다. 그렇다면 일본 상업빌딩에 대한 전반적인 이해를 마쳤으니, 이제부터는 그 안에 어떤 건물 유형이 있는지 그리고 투자자는 어떤 건물을 선택해야 하는지를 고민해볼 차례다.

일본과 한국의 부동산 투자 유형은?

일반 투자자가 접근할 수 있는 상업빌딩을 형태나 규모, 용도에 따라 구분하자면, 크게 일동상업빌딩(一棟商業ビル)과 임대병용주택(賃貸倂用住宅)으로 나눌 수 있다. 일동상업빌딩은 전체가 상업용으로 구성된 건물이다. 전체가 상가로 되어 있거나, 오피스로 되어 있는 형태다. 이에 반해 임대병용주택은 다양한 구성을 지닐 수 있는 건물이다. 1층은 상가, 위층은 주거로 된 복합형 형태는 한국의 상가주택과 닮았다. 그리고 주로 주택으로 이루

자료7 전체 상업용으로 구성된 일동상업빌딩

자료 8 한국 상가주택과 비슷한 일본 임대병용주택

어져 있지만 그중 소유자가 거주하는 자택을 두는 구성도 있는데, 이는 한국에서 최상층에는 주인이 거주하고, 나머지는 원룸, 투룸 빌라 등으로 구성한 다가구 주택과 닮았다.

빌딩 전체를 상업용 목적으로 사용하는 일동상업빌딩을 생각해보자. 전 층이 상가, 사무소, 음식점 등 비주거 용도로 구성된 유형이다. 흔히 '소형 상업빌딩'이라고 부른다. 우리나라에서의 올근생(100% 근린생활시설) 건물을 생각하면 쉽다. 주로 도심 근처나 주요 상업지구 인근에서 볼 수 있다.

타 부동산에 비해 임대 단가가 높고, 구조가 단순해 리폼 등이 용이하다. 업종을 바꾸거나 새롭게 리노베이션을 하는 등의 방

법으로 수익을 더 높일 수 있는 방법이 무궁무진하다.

하지만 경기 침체나 상권 약화 등으로 장사가 잘되지 않게 되면, 임차인이 빠르게 교체되거나 공실이 발생할 가능성도 높아진다. 특히 젠트리피케이션처럼 유동인구와 상권이 급격히 변하는 지역에서는 임대 안정성이 더 크게 흔들릴 수 있다. 방음이나 소방 시설을 완비해야 하는 조건도 꽤 까다롭다. 또한 상업지역이라고 하더라도 완전히 모든 업종을 들일 수 있는 것은 아니다. 종종 지자체에서 지역을 묶어서 특정 업종을 아예 금지해버리는 경우도 있다. 호텔이나 숙박업 같은 업종이 대표적이다. 만일 빈 건물을 활용해서 에어비앤비를 마련하려고 했던 소유자라면 이런 제한이 있을 경우 건물을 제대로 활용할 수 없게 되어버린다.

오피스로만 특화된 소형 건물도 있다. 흔히 '오피스 빌딩'이라고 부른다. 건물 전체 호실이 오피스로 구성되어 있고, 임차인은 대부분 기업이나 프리랜서다. 상가보다는 임대료가 낮을 수 있지만, 계약 기간이 길고 이탈률이 낮은 편이다. 최근에는 기존의 사무실 공간을 리모델링해서 공유 오피스나 공간 대여용 오피스로 활용하기도 하는 추세다. 오피스로 들어오는 임차인은 대부분 B2B 계약이고, 그만큼 임차인 안정성이 높다. 오피스는 설비도 단순하기 때문에 관리가 쉽고, 주방이나 욕실이 없어서 상대적으로 수리해야 할 일도 적다.

하지만 한번 공실이 나면 장기화될 가능성이 높다. 게다가 계속해서 공급되는 신축 대형 오피스나 더 좋은 입지와 시설을 갖춘 오피스들과 경쟁해야 한다는 점 역시 큰 리스크 중 하나다. 특히 일본에서 위워크(WeWork), 츠타야 쉐어 라운지(TSUTAYA Share Lounge)처럼 대기업이 운영하는 공유 오피스가 유행하고 있어, 소규모 투자자가 동일한 수요를 놓고 경쟁하기엔 구조적으로 불리한 상황이다. 또한 오피스는 결국 출퇴근이 편리한 입지여야 하기 때문에, 첫 선택에서부터 흥망성쇠가 갈린다고 해도 과언이 아니다. 디자인, 서비스, 브랜드 인지도 등에서 차별화가 어려운 만큼 입지나 콘셉트, 운영 전략 면에서 더욱 신중한 판단이 필요하다.

상가와 주거의 복합 형태, 임대병용주택의 매력은?

그렇다면 전체가 아닌 일부 공간만 상업용으로 구성하는 임대병용주택은 어떨까? 임대병용주택은 일동맨션과 일동아파트와 혼용되어 사용되는 용어다. 정확히 살펴보자면 건축물 구조와 자택 비중에 따라 구분할 수 있다.

구분	일동아파트	일동맨션	임대병용주택
건축 구조	목조, 경량 철골조	철근콘크리트 (RC)	철근콘크리트 (RC)
자택 비중	낮음	낮음	높음 (51% 이상)
융자 가능성	투자론	투자론	주택론 가능

일동아파트는 목조와 경량 철골조로 만든 건물이고, 일동맨션과 임대병용주택은 철근콘크리트조다. 그리고 일동맨션은 주로 임대용 맨션으로만 구성되어 있는 데 반해, 임대병용주택은 소유자가 실거주를 할 수 있는 자택이 함께 있는 특징을 보인다. 전체 면적에서 자택이 과반인 51%가 넘는 건물을 임대병용주택으로 부르는 경향이 있다. 이는 실거주 주택의 비중이 51% 이상일 때, 주택론을 받을 수 있는 이유 때문이다. 주택론은 일반 투자론에 비해 이율이 현저히 저렴하고, 정책 모기지를 받을 수도 있는 장점이 있기 때문에 소유자가 거주하면서 월세도 받는 임대병용주택으로 주택론을 받는다면 무척 유리하다고 볼 수 있다.

1층은 상가, 위층은 주거형으로 되어 있는 임대병용주택은 투자자들이 좋아하는 유형이기도 하다. 위층에 소유자가 직접 거주하면서 주택론을 받아 저렴한 금리로 거주와 월세 수입 모두를 취할 수 있다. 1층은 소매점, 음식점, 사무소 등으로 임차인을 들이거나, 소유자 자신이 직접 운영하기도 한다.

만일 위층에 소유자가 거주하지 않으면 주택론 활용은 어렵지만, 장점은 분명히 있다. 수익원이 분산된다는 점이 그렇다. 상가 임대료는 일반적으로 높은 편이지만 공실 리스크가 크고, 주택은 그 반대다. 이렇게 복합적인 구조로 되어 있는 건물에서는 두 가지를 모두 취할 수 있기 때문에 안정적이다. 또한 소유자가 건물 전체를 통제할 수 있기 때문에 유연하게 운영도 가능하다.

하지만 주택과 상업용이 혼재하기 때문에 불편한 점도 있다. 주택 부분은 상가 때문에 소음이 있을 수 있고, 오고 가는 사람들이 많아 안전하지 못하다는 인상을 받을 수도 있다. 그리고 상가 부분은 주택 때문에 디자인의 자유도가 떨어질 수도 있다. 시선을 끄는 구조물을 설치하거나 구조를 변경하는 등 상가를 위해 필요한 설계를 충분히 활용하지 못하는 것이다. 결국 상가에 들어올 수 있는 대상을 제한하게 되고, 공실 가능성도 높아지는 단점이라 할 수 있다.

이렇게 상업용 소형 빌딩은 겉보기에는 비슷해 보이더라도, 실제 투자 성격과 수익 구조는 다르다는 점을 명심해야 한다. 무엇보다 나는 어떤 수익을 원하는지, 나에게 맞는 유형이 무엇인지를 고민해볼 필요가 있다. 꼬박꼬박 월세가 들어오는 장기적으로 안정적인 현금흐름을 원하는가? 짧은 기간 내에 리폼이나

표11 상업빌딩 유형별 특징과 장단점

평가 항목	높음	중간	낮음	특징
월세 수익의 안정성	주택	주택 + 상업, 오피스	상가	주택 임대는 장기 거주로 안정적, 상가는 경기·상권에 따라 변동 큼
월세 수익률	상가	주택 + 상업, 오피스	주택	상가는 위험이 크지만 수익률 높음, 주택은 안정적이지만 수익률 낮음
공실 위험	상가	주택 + 상업, 오피스	주택	상가는 상권 침체 시 공실 위험 크고, 주택은 수요 꾸준
관리의 편의성	오피스	주택 + 상업, 주택	상가	오피스는 전문 관리체계, 상가는 점포마다 요구 다양해 관리 복잡
입지의 중요성	상가, 오피스	주택 + 상업	주택	상가는 입지에 따라 성패가 갈림, 주택은 상대적으로 덜 민감

임차인 변경 등을 통해 빠른 수익을 내고자 하는가? 추후 내가 거주할 수 있는 공간이 필요한가? 상업빌딩 유형별로 각 특징과 장단점이 있다. 이런 차이를 충분히 이해한 후에 상업빌딩의 투자처를 선택해야 한다.

무엇보다 상업빌딩 투자는 입지부터 고민해야 한다는 점을 잊지 말자. 아무리 내부를 잘 리폼한 건물이라도 유동인구가 거의 없는 지역이라면 세입자를 유치하는 일조차 어려울 수 있다. 결국 입지가 건물의 수익성과 직결된다는 점에서 '어디에 어떤 유형의 건물이 있어야 하는가'라는 질문이 가장 먼저 따라야 한다.

다음 장에서는 바로 이 부분, 상업용 부동산의 입지 전략에 대해 좀 더 구체적으로 살펴보려 한다.

입지에 따른
도쿄 상업빌딩 투자 전략

"부동산은 입지가 전부다." 부동산 투자에 관심 있는 사람이라면 익히 많이 들어보았을 격언이다. 일본에도 이와 똑같은 문장이 있다.

이는 모든 부동산을 대상으로 하지만 구체적으로 살펴보면 주택은 주택만의 입지가 있고, 상업용은 상업용만의 입지가 있다. 주택이 사람들이 살기 편한 곳을 주요 입지로 생각한다면, 상업용은 이와 큰 상관이 없다. 오히려 상업용은 거주용에서 중시되는 요소와는 반대인 경우가 많다. 게다가 이곳은 우리나라가 아닌 일본이다. 외국인의 관점에서 더 치밀하게 분석하고, 전략적으로 접근해야 한다.

처음 일본 부동산 투자를 생각하는 사람이라면 도쿄, 오사카, 후쿠오카, 나고야와 같은 대도시를 먼저 떠올린다. 그리고 각 주요 도심부를 떠올린다. 큰 범주에서는 옳은 이야기다. 인구 감소가 진행되고 있는 일본에서는 어찌 되었든 사람들이 몰리는 곳, 사람들이 좋아하는 대도시면서 도심부라는 교집합은 실패할 확률이 낮다. 물론 모두가 가장 첫 번째로 떠올리는 도심부는 그만큼 수요가 많고, 땅값도 비싸다.

일본 부동산에 관심 있는 사람이라면 '도쿄 5구'를 들어본 적이 있을 것이다. 우리나라의 '강남 3구'와 유사한 표현이다. 국회의사당, 황궁 등이 있어 일본 정치와 행정의 중심지로 일컬어지는 '치요다구(千代田区)', 도쿄증권거래소와 긴자로 대표되는 금융 중심지 '주오구(中央区)', 롯폰기 같은 고급 주거지역으로 외국계 기업과 대사관이 밀집된 '미나토구(港区)', 도쿄도청을 중심으로 대형 상업지구가 있는 '신주쿠구(新宿区)', IT와 스타트업 중심지이자 트렌드 발신지인 '시부야구(渋谷区)'가 바로 도쿄 5구에 해당한다. 즉 전국을 통틀어 가장 땅값이 비싼 곳, 사람들이 좋아하는 곳, 유수의 직장이 있는 곳, 고급 주거지와 상업시설이 있는 곳, 부가 몰리는 곳이다.

한국 부동산 투자자들의 최종 목표는 강남 3구의 아파트, 꼬마빌딩인 경우가 많다. 일본도 비슷하다. 도쿄 5구에 있는 고급 맨션, 중소형 빌딩은 자산가들의 부동산이고, 일본의 많은 투자자들이 꿈꾸는 지역이다. 하지만 일본인 투자자들은 오로지 도쿄 5구만을 바라보고 있지는 않은 듯하다. 그들에게 있어서 부동산 투자는 특정 지역의 좋은 물건을 보유하기보다 현금흐름이 더 많이 나올 수 있는가를 더 중시하는 경향이 있어서다.

우리는 외국인 투자자다. 일본인처럼 각 지역이나 동네를 속속들이 알지 못한다. 그런 만큼 조금이라도 더 안전한 곳을 선택하고 싶다. 가격의 움직임이 크게 오르거나 크게 내리지 않는 곳, 급격한 변화 없이 수익을 낼 수 있는 곳, 공실이 자주 없이 꾸준하게 월세를 받을 수 있는 곳. 이런 조건의 투자처는 꼭 도쿄 5구에만 있지 않다. 급격한 변화 없이 꾸준한 수익을 낼 수 있는 곳이 도쿄 5구일 수는 있지만, 도쿄 5구만 이런 투자처는 아니다. 부동산마다 가지고 있는 특성이 다르기도 하고, 목표로 하는 수익이 다르기 때문이다. 그렇다면 어떤 전략으로 입지를 판단할지 나누어 생각해보자.

입지를 판단하는 수요, 운영 전략, 교통망

일단 첫 번째는 '수요'다. 입지를 평가할 때 가장 중요한 요소로 꼽을 수 있다. 아무리 싼 가격에 그럴싸해 보이는 부동산을 매입하더라도 임차인이 없는 부동산이라면 투자 의미가 없다. 부동산 수요는 사람이 머무는 이유에서부터 시작된다. 사람들이 그곳에서 어떤 이유로 살거나, 자거나, 일을 하거나, 모인다. 그 이유를 세분화해 두어야 내가 사고자 하는 부동산의 적절한 입지를 고려해볼 수 있다.

가장 쉽게 접근할 수 있는 수요는 '주거'다. 사람이 살아가는 데 있어서 필요한 공간인 주택에는 필요한 몇 가지가 있다. 이를 쉽게 얻을수록 주택의 입지는 좋아진다. 가까운 지하철역과 버스 정류장, 도보권에 있는 학교, 편리하게 접근할 수 있는 병원, 다양하게 뻗어나가는 교통, 낮은 범죄율, 양질의 일자리가 많은 곳 등이 된다.

상업용 부동산에 관심 있는 사람이라면 꼭 고려해야 할 수요는 '업무', '관광'이다. 두 가지 수요는 사람을 모이게 한다. 업무를 하기 위해서 모이게 하고, 여행객들을 모이게 한다. 비즈니스 중심지, 교통 허브, 출퇴근하는 사람들이 편리하게 사용하는 곳, 유명 관광지까지의 거리, 먹을거리와 쇼핑 거리가 많은 곳, 일시적으로 체류하는 사람들을 위한 호텔 밀집 지역 등. 이런 니즈를 쉽게 얻을수록 상업용 부동산의 입지는 좋아진다.

땅값 상승을 기대하는 '지역 개발 수요'는 주택이건 상업용 부동산이건 모두에게 해당된다. 대규모 상업 시설 재개발이 예정된 곳, 신규 노선이 생기는 곳, 도로가 넓어지고 개선되는 곳과 같이 미래에 더 개발되어 좋아지리라 예상되는 곳에는 어느 부동산이든 그에 맞는 수요를 넓힐 가능성이 생긴다.

두 번째는 입지에 따라 유연하게 부동산을 운영하는 전략이다. 부동산의 고정된 입지는 바꿀 수 없다. 하지만 입지를 활용하는 전략은 바꿀 수 있다. 같은 장소라도 주거 중심으로 운영할 수도 있고, 관광지 특성이 있다면 단기 임대나 숙박으로도 바꾸어 운영할 수도 있다. 아니면 사무실이었던 공간을 커뮤니티 공간, 공유 오피스로 전환하는 방법도 있다.

이렇게 사용 용도를 고민해서 입지를 나누어 보면 구체적으로 어떻게 될까? 일단 입지 구분을 유동인구, 비즈니스(오피스), 관광, 주거 등으로 구분한다. 그리고 유동인구가 많은 입지에서는 어떻게 임차인 구성을 하면 좋을까? 오피스가 많은 곳에서는 어떤 공간을 마련하면 좋을까? 관광객이 많이 오가는 곳은 어떤 시설을 두면 좋을까? 등과 같이 이어나가는 방법이다. 이런 흐름

표12 입지에 따른 부동산 운영 전략

입지 구분	대표 지역	주요 특징	건물 운영 전략
유동인구형	신주쿠, 시부야, 이케부쿠로	유동인구 많음, 회전 빠름	전층 상가, 저층 상가 + 주택 복합형
비즈니스형	마루노우치, 아카사카, 시부야	오피스 수요 높음	오피스 특화형
관광형	아사쿠사, 우에노, 신주쿠	외국인 수요, 단기 체류형	에어비앤비, 특색 있는 상가
안정 주거형	니시도쿄, 메구로	거주자 중심, 안정 수익	복합형, 저층 다세대

QR코드를 찍으면 도쿄 지도에서 표에 나온 지역의 자세한 위치를 확인할 수 있다.

으로 〈표 12〉를 작성해보았다. 입지에 따른 대표적인 지역과 건물 운영 전략을 입지 구분에서부터 지역, 특징으로 펼쳐 본 내용이다.

마지막으로 생각해볼 수 있는 입지 판단의 근거로 교통망이 있다. 일본은 철도 중심의 도시 구조를 가지고 있어, 노선도를 잘 살펴보기만 해도 국가 전략이 눈에 보인다고 해도 과언이 아니다. 우리나라도 크게 다르지 않다. 서울에서 뻗어나가는 고속 철도망, 광역 중심망으로 모이는 교통 허브 등은 우리나라의 경제 전략을 한눈에 볼 수 있는 요약판이기도 하다. 신규 철도 노선 계획, 주요 터미널과의 연결 여부, 도심부에서의 소요 시간 등은 입지 평가에서 절대적인 기준이 된다.

이렇게 교통망을 통해 입지를 판단할 때는 두 가지로 나뉜다. 기존의 노선이 있는 상태에서 더 좋아지는 곳, 그리고 완전히 신규 교통 인프라가 생겨나서 새로이 조명받는 곳이다. 단순하게 생각해서는 새로운 교통망이 생기는 쪽이 더 좋아 보인다.

그런데 일본에서는 교통망이 중요하긴 하지만, 그렇다고 해서 전부 중요하다고 볼 수 없다. 이게 무슨 뜻일까?

도쿄도의 지하철 노선도를 본 적이 있는 사람이라면 곳곳에 엄청나게 많은 역과 노선이 빼곡하게 지나는 모습을 떠올릴 수 있다. 그만큼 도쿄도 내는 이미 철도 인프라가 거의 다 완성된 상태다. 즉, 도쿄에서 웬만한 곳은 다 전철로 쾌적하게 갈 수 있으니, 여기에 더 많은 노선과 역이 새롭게 생긴다 해도 그다지 호재라고 볼 수 없다는 뜻이다.

이는 비단 새 역뿐 아니라, 신축 맨션 같은 부동산을 바라볼 때도 동일하게 적용된다. 신축 맨션 광고지에 '○○역 바로 앞'이라고 강조하였지만, 사실 ○○역은 그다지 선호도가 높지 않은 역이거나 이용하는 사람들이 적은 노선일 수도 있다. 도쿄에는 워낙 많은 역과 노선이 지나기 때문에, 사실 웬만해서는 모든 곳이 특정 역의 역세권이 된다. 그래서 '그 역이 과연 사람들이 선호하는 역인가'가 굉장히 중요하다.

그렇지만 분명히 더 호재가 될 수 있는 추가적인 철도 계획도 있다. 그리고 이런 계획의 영향을 받는 지역을 살펴본다면 투자의 힌트를 얻을 수 있다. 철도 정책과 관련한 자세한 내용은 다음 장에서 이어가도록 하겠다.

일본의 부동산 입지를 파악할 수 있는 방법

부동산 투자에 있어서 입지가 제일 중요하다는 뜻은 이렇게 여러 의미를 내포하고 있다. 단순하게 강남구, 서초구에 있다고 해서 모든 부동산이 베스트가 아님을 우리는 모두 잘 알고 있다. 일본도 마찬가지다. 주오구의 긴자에 있다고 해서 그곳의 모든 부동산이 최고라고 할 수 없다. 게다가 일본에서는 부동산 투자

표 13 기본 입지 분석 항목과 조사 방법

카테고리	항목	자료 조사 방법	
직주근접	사업소 수(事業所数)	통계국 홈페이지	https://www.stat.go.jp/data/e-census/2024/index.html
	종업원 수(従業者)	통계국 홈페이지	https://www.stat.go.jp/data/e-census/2024/index.html
교통	소요 시간	구글, 야후 등	https://transit.yahoo.co.jp/
	환승 횟수	구글, 야후 등	https://transit.yahoo.co.jp/
	교통비	구글, 야후 등	https://transit.yahoo.co.jp/
환경	쇼핑몰 개수	구글, 야후 등	https://transit.yahoo.co.jp/
	편의점 개수	구글, 야후 등	https://transit.yahoo.co.jp/
	백화점 개수	구글, 야후 등	https://transit.yahoo.co.jp/
	식당 개수	구글, 야후 등	https://transit.yahoo.co.jp/
	병원 개수	구글, 야후 등	https://transit.yahoo.co.jp/
	공원	구글, 야후 등	https://transit.yahoo.co.jp/
	학교 도보 시간	구글, 야후 등	https://transit.yahoo.co.jp/
	범죄 건수(범죄율)	경시청 홈페이지	https://www.keishicho.metro.tokyo.lg.jp/about_mpd/jokyo_tokei/jokyo/ninchikensu.html
부동산	전출입 세대수	통계국 홈페이지	https://www.stat.go.jp/data/idou/sokuhou/tsuki/index.html
	공급 호수 (供給戸数)	경제산업성 리포트	https://www.meti.go.jp/statistics/toppage/report/minikaisetsu/hitokoto_kako/20241212hitokoto.html
	실거래가 추이	맨션리뷰 홈페이지, 국토 교통성 부동산 정보 라이브러리 홈페이지 등	https://www.reinfolib.mlit.go.jp/
	임대 가격 추이	맨션리뷰, athome, suumo 홈페이지 등	https://www.mansion-review.jp/ https://suumo.jp/ https://www.athome.co.jp/
	침수 위험도	하자드 맵 웹사이트 (국토교통성 제공)	https://disaportal.gsi.go.jp/index.html

의 목표가 인컴 게인인 경우가 훨씬 많다는 특수성까지 고려한다면, 긴자는 그들에게 있어서 베스트가 아니고 워스트의 투자

처가 되어 버린다. 부동산 가격은 비싼데 월세 수익률은 2%도 채 되지 않는 경우가 허다하니까 말이다. 이렇게 투자의 목적까지 고려해야 입지를 판단할 수 있다.

그리고 우리는 입지를 생각할 때 정량화된 수치를 많이 참고한다. 직주근접은 사업체 수, 종사자 수 등을, 교통은 소요 시간, 환승 횟수, 교통비 등을, 환경으로는 주위 쇼핑몰, 유명 백화점 등을 확인한다. 각 동네의 전출입 세대 수, 입주 물량, 실거래가, 임대 가격 같은 숫자를 비교하기도 한다. 일본에도 대부분의 수치를 인터넷으로 손쉽게 확인할 수 있다.

누구나 찾아볼 수 있는 정량적 데이터만 보고 판단한다면 좋은 투자라고 할 수 없다. 우리는 여기에 더해 부동산을 실질적으로 잘 운영할 수 있도록 정성적인 판단도 포함해보자. 사람들은 어떤 목적을 가지고 그 부동산을 찾는가? 혹은 그 부동산이 위치한 지역에는 어떤 사람들이 오는가? 그리고 사람들은 주로 단기적으로 머무는가, 장기적인 목적으로 오는가? 또한 사람들에게 정말로 좋다고 느껴지는 교통 개선이 있는가? 그건 언제인가? 이런 질문을 정량적인 수치와 더불어 고민해본다면 입지에 따른 상업빌딩 투자 전략을 짜는 데에 있어서 훌륭한 답변을 찾을 수 있다.

정책으로 읽는
추천 에리어

한국에서 부동산 투자를 하는 사람들은 20년 단위의 '서울도시기본계획'이나 '국가 철도망 구축 계획' 같은 발표가 나올 때마다 눈여겨본다. 주로 지방 투자를 하는 사람들이 필수적으로 참고하는 자료이지만, 서울과 수도권에 투자하는 사람 역시 놓치지 않고 꼼꼼하게 살펴본다. 국가, 각 지자체에서 앞으로 그리는 미래상이 전개되면서 흐름을 잘 살펴보면 부동산 투자의 힌트를 얻을 수 있기 때문이다.

일본에서도 주기적으로 도시 계획이나 교통 계획을 발표한다. '서울시의 도시 계획'은 '도쿄도의 도시 만들기 그랜드 디자인(都市づくりのグランドデザイン)' 그리고 '도쿄도의 2050 도쿄 전

략(2050東京戰略)'과 비슷한 면이 있다. '국가 철도망 구축 계획'은 일본에서 철도 및 도로 등의 장기 인프라 국가 전략인 '사회자본정비종합계획(社会資本整備重点計画)'과 '국토교통백서(国土交通白書)', 민간사업자의 각 계획과 유사하다.

물론 내용 면에서는 조금 다른 점도 있다. 일본의 발표 내용이 한국보다 좀 더 추상적이라는 느낌이다. 그래도 자료를 쭉 읽어나가다 보면 어떤 이야기를 하고 있는지 파악이 가능하다. 전반적으로 미리 이해해둔다면 분명 일본 부동산 투자를 할 때에 도움이 될 수 있다고 생각한다. 이번 장에서는 내용을 구체적으로 소개해보겠다.

상업용 부동산 투자는 긴 호흡을 갖고 해야 한다. 단기간의 시세차익을 노릴 뿐만 아니라, 전략적으로 길게 접근해야 하는 자산 운용 방식이다. 단지 지금 당장의 수익률이나 매매 시세만으로 판단해서는 안 된다. 향후 수년, 때로는 십수 년에 걸친 도시의 변화, 인프라 확장, 인구 이동, 행정 계획 등 다양한 요소가 복합적으로 영향을 미치는 구조이기 때문이다. 특히 일본처럼 도시 계획이 정교하게 수립되고, 장기적 관점에서 지역 개발이 일관되게 추진되는 국가에서는 이러한 '큰 그림'을 이해하는 기초가 매우 중요하다. 바로 이 큰 그림은 '도쿄도의 도시 만들기 그랜드 디자인'과 같은 공식 계획의 내용이 유용한 나침반이 되어준다.

첫째, 도쿄의 미래 모습을 보고 미리 투자하라

도쿄도의 도시 만들기 그랜드 디자인의 내용은 앞으로 도쿄도가 2040년을 향해 중점적으로 확장하려고 하는 바가 무엇인지 알려준다. 이 계획에 따라서 예산이 집행되고, 사람들을 불러모을 것이다. 사람들이 모이는 장소는 결국 부동산에 있어서 호재가 될 가능성이 높다. 이곳들을 미리 살펴보는 일은 꽤 의미가 있다.

여기서 부동산 투자자가 주목해야 할 부분은 아래 〈표 14〉에서 전략 1의 지역 특성에 맞는 다양한 거점을 형성하기, 전략 2의

표14 도쿄도의 도시 만들기 그랜드 디자인 7가지 전략

No.	7대 전략	내용
1	지속적인 성장을 창출하고 활력 넘치는 거점을 형성	국제 경쟁력을 가진 비즈니스 중심지 조성, 지역 특색을 살린 다양한 거점을 통해 도쿄 전역에 활력을 불어넣음.
2	사람·물건·정보의 자유롭고 유연한 교류 실현	공항, 도로, 전철, 철도, 물류 체계를 정비하고 최첨단 기술을 활용한 정보 도시 공간을 창출.
3	재해 리스크와 환경 문제에 대응하는 도시 구성	지진, 기후변화 등 재해에 강하고 환경 친화적인 도시 시스템 구축.
4	모든 사람에게 삶의 공간을 제공	고령자, 장애인, 어린이 등 다양한 계층이 안전하고 쾌적하게 생활할 수 있는 주거 환경을 조성하고, 양질의 주택을 오래 사용하고 뉴타운의 도시 재생을 계획
5	편리한 삶의 실현과 다양한 커뮤니티의 창출	생활 편의성 향상과 더불어 지역별로 다양한 라이프 스타일을 수용하는 커뮤니티 공간 확대
6	사계절의 아름다운 녹지와 물을 엮어낸 도시 구성	녹지, 수변 공간, 도시농업 등 자연과 도시가 조화를 이루는 쾌적한 생활 공간 조성
7	예술·문화·스포츠를 통한 새로운 매력 창출	역사적, 문화적 자산과 2020 올림픽 유산을 활용하고 계속 선택받는 관광 도시로 만들기

〈출처: 도쿄도의 도시 만들기 그랜드 디자인(Tokyo in the 2040s)(2017)에서 발췌, 요약〉

교통망과 연결된 기능 간 유연한 흐름을 설계하기, 전략 4의 주거 환경을 재정비하기와 전략 7의 관광도시로의 계획이다. 특정 지역은 업무 중심지, 다른 곳은 거주 중심지, 또 다른 곳은 문화나 관광 기능이 강화된 공간으로 유도하는 방식이다. 이는 지도 기반이라기보다는 기능을 분산시키는 다핵형 도시가 되고자 하는 도쿄의 목표를 담았다.

마치 '3도심, 7광역 중심, 12지역 중심'으로 발표하였던 2040 서울 도시 기본 계획의 중심지 체계가 떠오르지 않는가. 문서에서는 이렇게 분류된 구역에 대해 정확히 어느 구, 어느 동네라고 명시하지는 않았다. 하지만 조심스럽게 추정을 해보자면 아래와 같다.

표15 도쿄도 도시 만들기 그랜드 디자인의 지역 구분

구분	기능적 정의	추측 지역
① 국제 교류, 비즈니스 중심 지역	국제 업무, 금융, 외교 중심	치요다구, 주오구, 미나토구(도심 3구)
② 지역 중심지	상업/업무 복합 중심지	신주쿠구, 시부야구, 이케부쿠로(도시마구), 스미다구 등
③ 주거 중심 지역	중산층 중심의 주거지	메구로구, 세타가야구, 오타구, 스기나미구 등
④ 신흥 복합 지역	주거, 업무, 컨벤션, 물류 복합 기능	도쿄 베이 지역 (도요스, 아리아케, 오다이바 등)

QR코드를 찍으면 도쿄 지도에서
표에 나온 지역의
자세한 위치를 확인할 수 있다.

가장 최근이라고 할 수 있는 2025년 3월에 발표된 '2050 도쿄 전략'은 단순한 도시 개발 계획을 넘어 향후 수십 년간 도쿄가 지향하는 도시의 방향성과 사회적 가치, 경제적 구조까지 포함한 거시적 전략이라는 점에서 주목할 필요가 있다. 그렇다면 이번 전략은 어떤 사회 변화와 과제를 배경으로 등장했으며, 앞으로의 도쿄를 어떤 모습으로 그려내고자 하는 걸까? '2050 도쿄 전략'이 제시하는 중심 가치와 우선순위를 살펴보면 장기적인 도시 투자자로서 우리가 주목해야 할 시사점이 분명히 보인다.

표16 2050 도쿄 전략의 3대 비전

1	다이버시티 (Diversity)	- 언제나 성장의 원동력은 '사람' - 인구 감소 및 저출산 고령화라는 낡은 가치관에서 벗어나, 도쿄발의 새로운 성장 모델을 세계로 발산할 수 있는 기회 - '사람에 대한 투자'를 더욱 가속화해, 개인의 역량을 끌어내고 각자가 주역이 되는 사회를 만들어 나가는 것이 중요 - "누구나 미래의 꿈과 희망을 실현할 수 있는, 더욱 각자가 빛나는 도쿄"
2	스마트 시티 (Smart City)	- 도쿄에는 인재, 지식, 기술, 산업, 정보 외에도 도로, 철도 네트워크 등 고도의 기능이 집적 - 에도시대부터 이어진 역사, 문화, 애니메이션, 음식 등 형태/무형의 다양한 매력 존재 - 도쿄가 가진 가능성을 최대한 살려, 사람들이 모이고 풍요롭게 살아갈 수 있는 도시, 전 세계가 동경하는 도시를 만들어 가는 것이 중요 - "도쿄의 잠재력을 더욱 발휘해 활기 넘치는 도시로"
3	세이프 시티 (Safe City)	- 심화되는 기후위기 대응은 단 1초도 늦출 수 없다. 탈탄소 사회 실현을 위해 도 전체가 총력을 다해 대응 - 재해 등 모든 위기에서 시민의 생명과 생활을 지키는 것은 수도 도쿄에 부여된 최우선 사명 - "항상 대비하자(備えよ常に)" 만전을 기한 대비를 통해 모든 사람이 안전, 안심하고 살 수 있는 도시를 만드는 것이 중요 - "강건하고 지속 가능한 도시를 만들고, 더욱 안전하고 안심되는 도쿄로"

〈출처 : 2050 도쿄 전략 본편(디지털 북)(2025)에서 발췌〉

이번 도시계획에서는 조금 재미있는 문구가 포함되었다. 바로 인구 감소와 저출산 고령화를 '낡은 가치관'이라고 표현한 부분이다. ("人口減少と少子高齢化は、古い価値観から脱却し、") 이들은 10여 년 동안 계속된 인구 감소와 저출산 고령화라는 사회 문제의 돌파구를 다른 곳에서 찾자고 말하고 있는 듯하다.

내용을 좀 더 구체적으로 살펴보면, 사람에 대한 투자를 강조하고 특히 도쿄도는 '전 세계가 동경하는 도시'로 만들자고도 언

표17 2050 도쿄 전략의 정책 방향성 중 일부

구분	설명	간접적 영향 지역
정책 09. 공생사회	고령자, 장애인, 아동, 여성, 외국인 등 모든 사람의 권리 보장	신주쿠, 이케부쿠로, 우에노, 고토구
정책 12. 국제 금융	세계 금융 중심지로 부상하기 위해 외국 금융기관 유치	마루노우치, 오오테마치, 니혼바시, 아자부
정책 14. 관광	관광객 4천만 명 시대, 야간 관광 및 축제 인프라 확대	시부야, 신주쿠(가부키초), 도요스, 쓰키지, 아사쿠사, 우에노, 도쿄역, 긴자, 아카사카
정책 15. 문화	일본 전통문화와 현대 예술, 디자인이 융합된 문화 허브 조성	우에노, 아사쿠사, 다이칸야마, 롯폰기, 카구라자카
정책 16. 스포츠	도쿄올림픽 유산을 활용한 스포츠 허브화	도쿄 베이 지역(국립경기장, 아리아케, 오다이바, 도요스 등)
정책 17. 지역개발, 거주	안전하고 안심되는 도시 형성	도시 성장 허브 (신주쿠, 이케부쿠로, 시부야 등), 도쿄 베이 지역(오다이바, 아리아케, 도요스 등)
정책 18. 인프라, 교통	철도망 개선, 공항 접근성 개선	하네다공항 액세스선, 시부야, 시나가와 구

〈출처 : 2050 도쿄 전략 본편(디지털 북)(2025)에서 발췌(정책 번호 및 키워드만)〉

QR코드를 찍으면 도쿄 지도에서
표에 나온 지역의
자세한 위치를 확인할 수 있다.

급한다. 도쿄가 가진 잠재력을 살려서 사람들을 모으자는 표현을 보고 있자면, 여기서 계속 등장하는 '사람'이라는 단어는 일본인으로만 국한하지 않는다는 생각이 든다. 인구 감소라는 낡은 가치관을 벗어나, 전 세계인들이 동경하여 모이게 한다는 목표. 이것은 결국 '외국인을 불러들이는 것'에 대한 전략 설명이라 생각한다.

그렇다면 도시 그랜드 디자인과 맞물려 외국인들에게 호의적인 곳, 외국인들이 즐기는 장소, 외국인들에게 적합한 의식주가 포함된 테마는 분명 이슈가 될 수 있다. 도쿄 2050 전략의 비전에서의 28가지의 세부 정책을 살펴보았을 때, 부동산 투자자가 참고할 만한 내용 몇 가지를 꼽아본다. 역시 마찬가지로 문서에서 정확히 어느 구, 어느 동네라고 명시하지 않기 때문에 함께 작성해둔 지역은 모두 필자가 유추한 곳임을 유의하길 바란다.

둘째, 전국을 연결하는 철도 변화에 주목하라

도시 계획과 함께 반드시 살펴봐야 할 또 하나의 중요한 축이 바로 철도망 계획이다. 철도는 단순한 교통수단을 넘어 인구와 상업, 관광 흐름을 결정짓는 핵심 인프라다. 일본은 중앙정부 차원의 장기적인 철도 전략을 수립해오고 있지만, 실질적인 노선 설계나 개통 시기, 지역 연계 등 구체적인 실행은 JR을 비롯한 민간 철도회사의 주도 아래 진행되는 경우가 많다. 따라서 민간 철도 계획을 함께 보면, 일본 전국은 물론 수도권과 도쿄 23구 안에서도 미래 가치가 기대되는 입지를 포착할 수 있는 유용한 투자 힌트를 얻을 수 있다. 다만 민간사업자의 경우에는 수익성이 악화되면 과감하게 계획을 바꾸거나 철회하기도 한다. 계획의 변동 가능성이 큰 편이라는 점도 명심해야 한다. 그렇기 때문에 다양한 자료를 참고할 필요가 있다.

일본 전국을 연결하는 고속 전철 등의 계획을 발표하는 '철도 정비 계획(鉄道整備計画)'에서는 중점 철도 프로젝트를 확인할 수 있다. 도쿄도와 주요 지방 도시가 어떻게 새로운 연결이 이루어지고, 연장되고, 고속화되는지에 대한 정보이다. 오래된 노선을 현대화하거나, 더 빠르게 하는 개선 작업 등이 있다. 다만 완전히 새롭게 만드는 신규 노선은 사실상 눈에 띄지 않는다.

여기서 주목할 만한 계획은 있다. 리니어 중앙 신칸센(リニア中央新幹線)은 기존의 고속 전철을 더욱 빠르게 하면서 시간을 눈에 띄게 단축시킨다. 이로 인해 도쿄-나고야는 40분 만에, 도쿄-오사카는 67분 만에 갈 수 있다. 분명 일본 사회 전반적인 부문에서 놀라운 결과를 가져오리라 기대한다. 다만, 아쉽게도 새 투자처로 보이는 신규 역사나 새로운 지역은 없다.

홋카이도 신칸센 연장(北海道新幹線 札幌延伸) 역시 완전한 신규 노선은 아니지만, 신하코다테호쿠토(新函館北斗)역에서 삿포로까지 직통 열차를 만들어서 도쿄-삿포로까지의 시간을 절반으로 단축시키는 효과가 있는 점이 강력하다. 약 4시간이면 간토 지방에서 홋카이도까지 갈 수 있다. 이렇게 짧아진 시간은 분명 관광 산업에 있어서 큰 영향이 있지 않을까 생각한다.

표 18 일본 전국 주요 철도 노선 계획

프로젝트명	개요
리니어 중앙 신칸센	도쿄-나고야-오사카를 리니어(자기부상열차)로 연결하며 2045년 완공 예정. 기존 도카이도 신칸센(285km/h) 대비 약 절반 이하의 운행 시간 단축.
홋카이도 신칸센 연장	신하코다테호쿠토 → 삿포로까지 2030년 말 개통 목표.
도호쿠 신칸센 개량	320km/h 고속화 및 차량 현대화 추진. (신칸센 50년 수명 대응)
오사카 간사이권 신선 및 연장	간사이 공항, 교토, 오사카 중심의 광역 전철망 확대 논의. 나니와스지선 (なにわ筋線) (2031년 개통)
도쿄권 철도망 개선	하네다공항을 중심으로 하는 철도 네트워크 강화, 도심부 및 임해지역 액세스 강화, JR 야마노테선 혼잡 해소, 도쿄역 재정비, 수도권 연결 강화 등.

철도망을 넘어 일본 정부가 국가 차원에서 설정한 도시의 방향성과 공간 계획은 어떨까? 국토교통성에서 매년 발간하는 '국토교통백서'에서 이 질문에 대한 답을 찾아볼 수 있다. 이는 일본의 도시 정책, 교통 인프라, 주거 및 관광 산업에 대한 중장기적 비전과 제도적 방향을 집약한 중요 문서로, 개별 지역 이름이 직접 언급되지는 않더라도 이 안에 담긴 정책의 흐름을 읽어내면 미래 투자에 도움이 되는 관점을 얻을 수 있다.

특히 최근 몇 년간 백서에서 강조되는 내용은 '어린이 우선 도시 조성', '지방의 관광 산업 활성화' 그리고 '관광, 주거, 교통 기능이 유기적으로 연결되는 도시 구조의 실현'이다. 여기서도 '외국인' 키워드가 등장한다는 점을 알 수 있다. 일본에서의 외국인 유치는 본격적으로 그리고 다방면에서 이루어지고 있다. 단순한 개발을 넘어 일본 전역에서 사람들의 삶의 질을 높이는 방향으로 재편하고 있음을 시사한다.

표19 국토교통백서의 정책 내용 일부

정책	내용	주목해야 할 투자처
어린이 우선 도시 조성 정책	인구 감소, 고령화 대응 그리고 육아 세대의 정주 유도를 위한 전략	수도권 근교, 출산육아 친화 정책 및 예산 집행이 활발한 곳
지역 활성화 및 관광 정책	외국인 관광객 유치, 관광소비 유도, 디지털 관광 기반 강화	기존 관광 거점, 지방 해안, 항만 지역

이렇게 전국적인 철도 계획과 정책 방향을 살펴보면 일본의 여러 지방을 탐색하는 데에도 도움이 될 것이다. 도쿄도와 수도권이 아닌 일본의 지방 투자를 고려하고 있다면 지금 언급한 내용을 꼭 함께 살펴보기를 권한다. 잘 알겠지만 일본은 이미 인구가 감소되는 나라이고, 지방으로 갈수록 그 경향이 심해진다. 앞으로의 예상 역시 그다지 변함이 없다. 그런 만큼 지방 중에서도 일본 정부가 의지를 가지고 개발하는 곳과 아닌 곳은 꽤 큰 차이가 벌어질 수 있다.

셋째, 도쿄로 좁혀서 살펴보는 주요 노선

이제 도쿄도로 좁혀보자. 도쿄도는 국가 중심의 계획과 각 민간사업자의 계획을 함께 살펴봐야 한다. 전국을 대상으로 하는 사업이 아닌, 도시별로 살펴본다면 민간사업자의 역할이 훨씬 더 중요하기 때문이다. 도쿄도에서 주요 노선으로 일컫는 대부분의 노선은 모두 민간사업자가 운영한다.

민간사업자는 말 그대로 영리를 목적으로 하기 때문에 사람들의 선택을 더 많이 받을 수 있도록, 기존의 철도망을 좋게 만든다. 여기서도 도쿄도의 주요 철도 노선 계획을 살펴본다면 주로 연장이거나 기존의 역을 연결하는 등의 사업이 된다. 그리고 도쿄도에서 주목할 만한 노선이 모두 도쿄 베이 지역(고토구 일대)과 하네다공항을 향하고 있다는 점은 투자자들에게 큰 힌트가 된다. 이 방향으로 철도뿐 아니라 각종 재개발, 도로 개선이 계속되고 있다.

표20 도쿄도 주요 철도 노선 계획

프로젝트명	개요
도쿄 8호선(유라쿠초선) 연장 (東京8号線延伸)	도요스역에서 분기하여 도요초역, 스미요시역까지 연장하는 사업. 2030년 중반 개통 예정.
도심, 임해 지하철 신선 (노선명 미정) (都心部・臨海地域地下鉄構想)	도쿄 도심과 임해 지역을 연결하는 노선. 주요 정차역 : 도쿄역, 신긴자역, 신쓰키지역, 카치도키역, 하루미역
하네다공항 액세스 선 (羽田空港アクセス線)	하네다공항 접근을 위한 JR동일본 주도의 신규 노선. 2031년 개통 목표.

도시 계획과 철도 계획을 함께 고려한 투자는 시간이 오래 걸린다. 특히 철도 계획은 중장기로 진행되기 때문에 사업 도중에 계획이 바뀌거나 철회되는 등 여러 이슈도 있다. 하지만 이미 도시 인프라가 충실하게 완료 시기를 넘어선 도쿄에서 현재도 주목되는 지역, 루트는 분명 장기적으로 안정적인 투자와 직결되는 문제라고 생각한다. 인구 감소, 고령화와 같은 변화가 그 어느 곳보다 빠르게 진행 중인 일본의 근본적인 문제와 더불어 해외 투자자로서 지역을 잘 알지 못하는 최대 약점을 해소시켜줄 수 있다. '이 지역이 괜찮을까?'라는 질문에서 국가적으로, 지자체에서 우선적으로 선택하는 그곳은 해답이 될 수 있다.

물론 명시한 지역들은 나의 추측이고, 현재까지 발표된 계획은 언제든 변경 가능성이 있다. 그렇기 때문에 하나의 정답지라기 보다는 참고 자료로 활용하기를 권한다. 계획은 어디까지나 계획이다.

철도 노선이 만드는 수익 지도

　이번에는 지금까지 언급한 철도 계획 중에서도 특히 주목할 만한 주요 신규 노선에 대해 구체적으로 정리하고자 한다. 각 노선의 개요와 추진 현황, 예상 정차역, 향후 개통 시 기대되는 교통·경제·관광 측면에서의 파급 효과 등을 중심으로 설명한다. 일본 부동산, 특히 상업용 부동산 투자를 고려하는 독자들에게 이 정보가 향후 유망 투자처를 발굴하는 데 실질적인 도움이 되기를 바란다.

중심지로 촘촘히 연결되는 도쿄도

하네다공항 액세스 선(JR동일본)

도쿄 도심과 하네다공항을 직접 연결해서 보다 편리하게 공항에 갈 수 있도록 하는 노선이다. 2023년에 착공하여 개통 목표는 2031년이다. 도쿄역-신바시-하네다공항을 연결하는 '히가시야마테 루트(東山手ルート)'가 시작이다.

현재 도쿄역에서 하네다공항까지는 대중교통 환승이 필요하고, 약 30분 이상이 소요된다. 그러나 해당 노선이 개통되면 직통으로 약 18분, 신바시역부터는 무정차로 도달 가능하다. 게다가 환승하지 않으면 운임 역시 약 30%나 절감되는 효과가 있다는 점에서도 꽤나 강력한 노선으로 자리매김하리라 예상된다. 정확한 노선 역이 발표되지는 않았지만, 루트 선상과 재활용하는 기존의 화물 노선을 살펴보건대 주요 정차역을 추측해볼 수는 있다.

주요 정차 역(예상) : 시나가와구의 도쿄 화물 터미널역(東京貨物ターミナル駅)의 근방에 신설, 미나토구의 신바시역(新橋駅) 직접 환승 또는 근방에 신설

자료 9   공사 구간 위치도_하네다공항 액세스 선

〈출처 : Google Maps 참고, 필자 제작〉

도심·임해 지하철 신선(노선명 미정)

도쿄 도심과 임해 지역을 연결하는 노선으로, 2030년에 착공하여 2040년 개통을 목표로 한다. 이 노선은 도쿄도의 주요 개발 지역과 관광, 업무 지역을 효율적으로 연결한다는 점에서 가장 강력한 신규 노선이 될 것이라 예상한다.

특히 그간 제대로 된 전철 노선이 거의 없었던 도쿄 베이 지역(카치도키, 하루미 등)에는 교통편을 혁신적으로 바꾸게 되는 엄청난 호재로 볼 수 있다. 연결되는 지역이 중요한 역할을 하는 곳이니만큼 기존 시설과의 통합, 지하 출입구 연결, 보행자 네트워크 개발 등이 함께 고려되고 있다. 향후 도쿄 베이 지역의 지역 발전에도 큰 축을 담당할 노선임이 틀림없다.

자료 10 공사 구간 위치도_도심·임해 지하철 신선

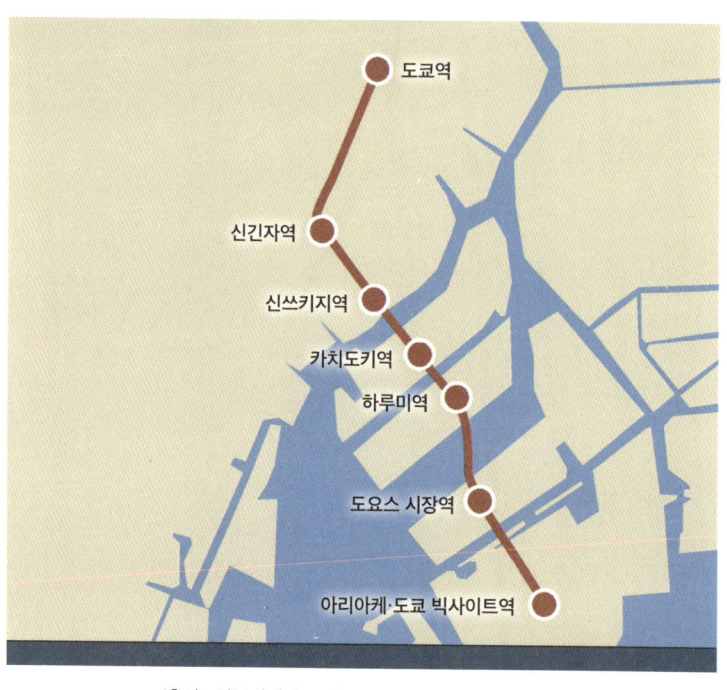

〈출처 : 일본경제신문 닛케이(日本経済新聞 NIKKEI)〉

주요 정차 역(예상) : 도쿄역(東京駅), 신긴자역(新銀座駅), 신쓰키지역(新築地駅), 카치도키역(勝どき駅), 하루미역(晴海駅), 토요스시장역

(豊洲市場駅), 아리아케 도쿄빅사이트역(有明東京ビッグサイト駅)

도쿄 8호선(유라쿠초 선) 연장(도쿄메트로)

사이타마의 와코시(和光市)에서 출발하여 이케부쿠로, 나가타쵸, 유라쿠초를 지나 신키바에서 종료되는 기존의 유라쿠초 선의 연장이다. 중간의 토요스역에서 분기하여 도요초역(東陽町駅), 스미요시역(住吉駅)까지 간다. 2030년 중반 개통 예정이다.

이 연장 사업을 통하면 토요스, 도요초, 스미요시 교차역에서 다른 노선과 환승 가능해진다. 환승이 불편하다는 단점이 있지

자료11 개략도_도쿄 8호선(유라쿠초 선) 연장

〈출처 : 도쿄메트로 홈페이지〉

만, 주요 지역을 지나가는 노선이기 때문에 이 연장 사업은 도쿄 동쪽에 위치한 지역에는 최대 호재가 될 것으로 보인다.

   주요 정차 역(예상) : 토요스역(豊洲駅), 에다가와역(고토구)(枝川駅), 센고쿠역(고토구)(千石駅), 도요초역(기존), 스미요시역(기존)

더 빠르게 이어지는 전국 교통망

리니어 중앙 신칸센(JR 도카이)

   도쿄에서 출발하여 나고야, 오사카까지 연결하는 자기부상열차 노선이다. 최고 시속이 500km/h에 달하여 67분이면 도쿄와 오사카를 오갈 수 있기 때문에 내륙을 연결하는 혁신적인 노선이라 일컫는다.

   기존의 도카이도 신칸센은 개통 50년이 지나 노후화되었고, 재난에 취약해졌다. 이를 개선하기 위해 철도망을 이중화하고, 수도권, 중부, 관서권을 하나의 메가 경제권으로 통합하겠다는 목표를 가지고 있다. 공사비가 9조 엔에 달하는 엄청난 규모의 프로젝트이고, 이에 따른 경제 효과는 향후 50년간 16.8조 엔이라는 예측치가 있다. 이 노선은 특히 중부권인 나고야에서 도쿄까지 기존 86분이 걸렸던 시간을 40분으로 줄인다는 점에서 의미가 크다. 이외의 정차역은 존재는 하지만, 외곽 지하에 건설하고 환승을 하도록 하는 방안이 유력하기 때문에 새 투자처로 보이는 곳은 없다.

주요 정차 역(예상) : 시나가와역(品川駅), 카나가와현역(사가미하라시)(神奈川県駅, 相模原市), 야마나시현역(고후시)(山梨県駅, 甲府市), 나가노현역(이이다시)(長野県駅, 飯田市), 기후현역(나카쓰가와시)(岐阜県駅, 中津川市), 나고야역(名古屋駅), 미에현역(三重県駅), 나라현역(奈良県駅), 신오사카역(新大阪駅)

자료 12 개략도_리니어 중앙 신칸센

〈출처 : 도카이여객철도 홈페이지〉

홋카이도 신칸센(JR 홋카이도)

현재 운행하고 있는 도호쿠 신칸센의 연장으로 신하코다테호쿠토역에서 삿포로까지 직통 열차를 만들겠다는 계획이다. 예정 시기는 2030년 말을 예정하고 있다.

이 연장 사업을 통하여 도쿄에서 삿포로까지 기존 8시간 이상 걸렸던 시간을 약 4시간으로 단축하기 때문에 삿포로가 실질적으로 전국의 고속철도망에 들어가게 된다는 평가를 받는다. 대부분의 구간이 장거리 터널로 구성되어 있기 때문에 신규 역사보다는 기존의 삿포로역이 더욱 주목을 받을 수 있는 상황이다.

자료 13   개략도_홋카이도 신칸센

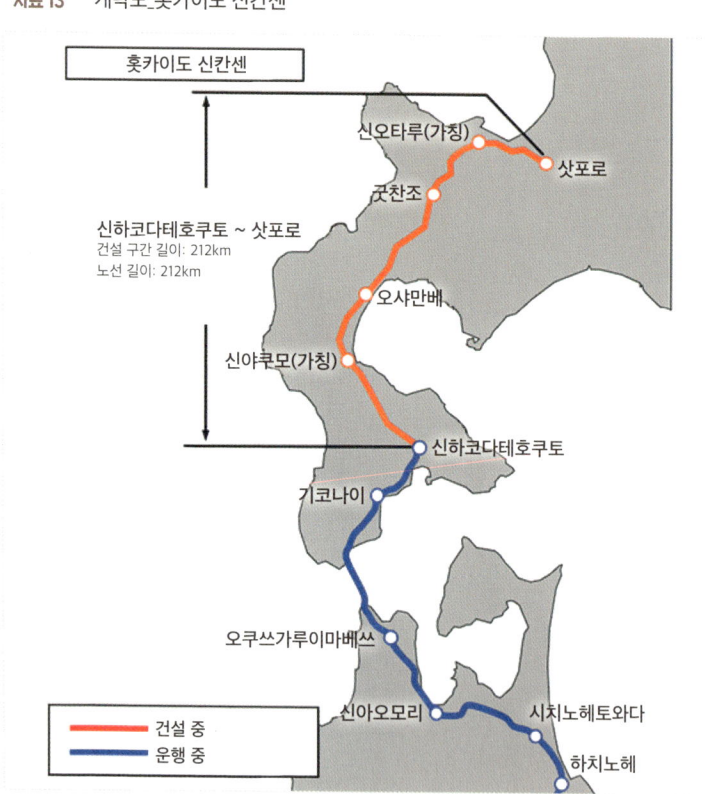

〈출처 : JR 홋카이도 홈페이지〉

삿포로는 특히 눈 축제로 대표되는 주요 관광지이기 때문에, 이 연장 노선은 더 많은 관광객들을 끌어들이는 데에 효과가 있을 것이라 기대된다.

  주요 정차 역(예상) : 신하코다테호쿠토역, 신야쿠모역(新八雲駅), 오샤만베역(長万部駅), 굿찬조역(倶知安駅), 신오타루역(新小樽駅), 삿포로역(札幌駅)

사례 탐구–
도쿄 베이, 가장 뜨거운 무대

　어느 날부턴가 일본 부동산이 오른다는 뉴스가 심심찮게 들려온다. 실제로 1억 엔이 훌쩍 넘어가는 분양가는 이제 도쿄의 맨션에서 뉴노멀이 되었다. 도쿄도를 시작으로 전국적으로 퍼져나가는 부동산 상승 흐름은 멈출 줄 모르고 계속되고 있다. 특히 도쿄에서도 부동산 상승을 견인했던 지역이 있다. 바로 도쿄 베이 지역이다.

　도쿄 베이 지역은 특정한 행정구역을 가리키는 공식 명칭이 아니다. 대신 바다 전망, 워터프런트 생활, 도시형 리조트와 같은 이미지를 떠올리게 하는 공간으로, 사람들이 선호하는 주거지와 상업 지구 전반을 아우르는 포괄적인 개념이다. 시나가와에서

> **자료 14** 도쿄 베이 지역

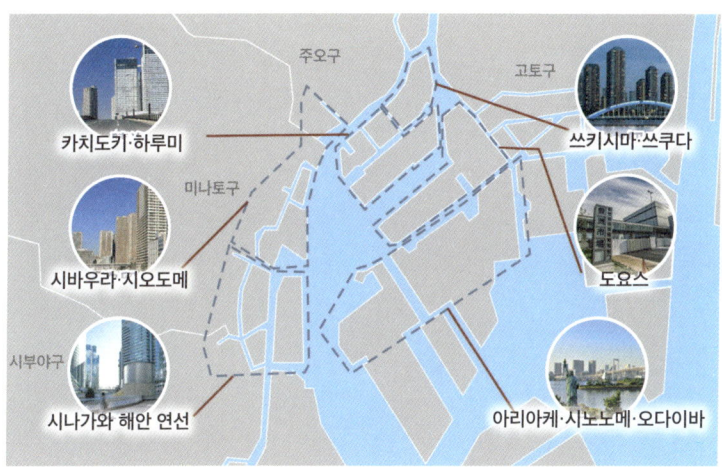

〈출처 : 부동산중개사 플라자홈스(www.plazahomes.co.jp)〉

고토구까지 이어지는 도쿄만 연안을 주로 포함하는데, 정확히는 미나토구의 시바우라, 고난 지역, 주오구의 카츠도키, 하루미 지역, 고토구의 아리아케, 도요스, 오다이바 지역, 시나가와구의 해안 연선 등이 된다.

반면 '도쿄 임해부(東京臨海部, Tokyo Waterfront Area)'는 도쿄도가 지정한 공식 '7번째 부도심'을 가르키는 용어로 아리아케, 아오미, 다이바 등 매립지를 중심으로 조성된 계획 도시의 이름이다. 도쿄 임해부는 국제전시장, 복합문화시설, 행정시설 등 전략적 도시 기능을 집약한 지역으로, 주거지, 비즈니스, 관광, 행정 기능 중심이 모두 어우러진 도시개발지구의 의미가 포함된다.

자료 15 임해부 지역

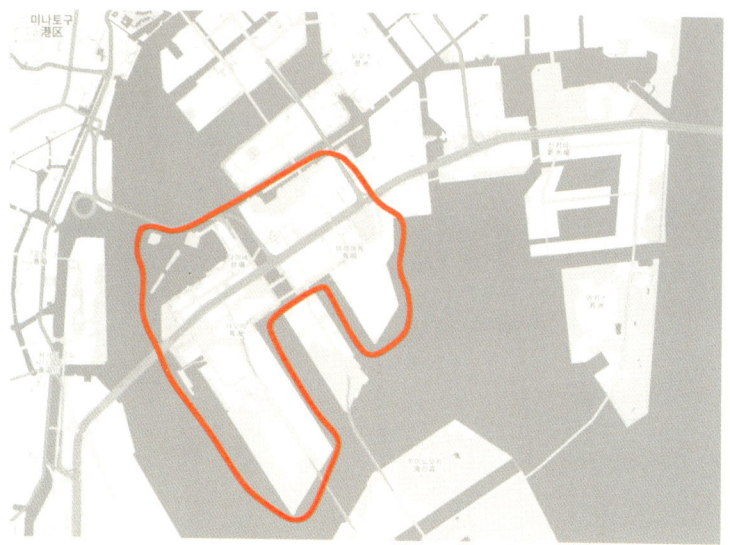

〈출처 : Google Maps 참고, 필자 제작〉

도쿄 임해부라고 불리는 이곳은 지난 100여 년간에 걸쳐 만들어진 새로운 도시라고 할 수 있다. 1960년대 도쿄도와 수도권의 물류 수요가 급증하면서 오다이바, 아리아케, 시오도메 등의 도쿄만을 매립하였고 항만 기능을 넓혔다. 1970년대 오일쇼크 이후 산업 구조 변화로 기능을 상실했고 이후 대대적인 상업, 주거 용지로의 전환이 추진되기 시작한다. 1980년대 들어서면서 토지 이용의 전환을 위한 개발 계획으로, 1988년의 '도쿄도 임해부도심 기본계획'과 '도요스·하루미 개발 기본방침'이 나왔다. 내용을 살펴보면 오피스, 주거, 전시장, 상업시설을 고루 갖춘 미래형 도시를 만들고자 한 목표를 알 수 있다.

이후 도쿄 빅사이트 전시장 개장과 더불어 2000년대 초반부터 아리아케, 도요스에 대규모 타워맨션이 지어지기 시작했다. 도시 재생 전문기관 UR, 민간 대기업 디벨로퍼 미쓰이 부동산이 함께 진행하면서, 민간 주도의 재생 추진이라는 점은 주목할 만하다. 대기업 디벨로퍼가 더 적극적으로 도시 개발에 참여하게 되었고, 본사 사옥을 옮기는 등 도시 구조의 전환을 이끌어 냈기 때문이다.

2010년이 되면서 하루미, 카치도키에서도 대형 주거 단지와 상업 시설이 들어섰고, 2020년 도쿄 올림픽 개최와 더불어 대규모 올림픽 선수촌 '하루미 플래그'까지, 도쿄 임해부 계획도시는 점차 수변 공간을 중심으로 하는 도쿄 베이 지역으로 확대되면서 개발이 계속되고 있다.

도쿄 베이 지역이 갖는 의미

무엇보다 도쿄 베이 지역은 도쿄도에 있어 하나의 실험적인 신도시라는 점에서 투자뿐 아니라 도시 재생의 의의를 갖는다. 과거에는 물류와 산업 기능을 담당하던 항만과 공업지대였지만, 지금은 완전히 다른 모습을 갖추었다. 이렇게 변모할 수 있었던 이유는 철저하게 오랜 세월 동안 도시 구조를 전환한다는 목표를 두고 꾸준히 실현해왔기 때문이다. 산업화 시대에 필수적이던 거대한 물류기지와 조선소가 매립과 재정비를 통해 쾌적한 대규모 주거지로 탈바꿈했고, 그 위에 문화시설과 상업시설이 더해지면서 복합도시가 될 수 있었다.

그래서 하루미, 카치도키, 도요스, 오다이바 일대는 고층 맨션, 복합 쇼핑몰, 대형 전시장, 의료시설, 공원까지 갖춘 자족형 생활권으로 성장했다. 단순히 집이 많은 신도시가 아니라 주거와 상업, 문화, 업무, 전시 기능이 유기적으로 연결된 도시다. 올림픽 선수촌으로 사용된 하루미 플래그는 약 5,600세대의 대규모 주거지로 전환 중이며, 고토구 임해부에는 각종 스포츠 경기장과 상업시설이 속속 들어서고 있다. 이 지역은 단순한 개발을 넘어, 도쿄가 미래 도시로 나아가기 위한 실험실 같은 공간이다.

당연하게도 도시 기능이 몰려들면서 유입 인구도 급증했다. 실제로 최근 10년 사이 이 지역의 거주 인구와 근무 인구는 약 1.7배 늘었으며, 선수촌 주거화가 완료되면 인구는 다시 1.3배 이상 증가할 것으로 예측된다. 그만큼 도심 내 새로운 주거와 생활 거점으로 자리 잡고 있다는 의미다.

이와 함께 교통 인프라 정비도 빠르게 진행되고 있다. 특히 도쿄 8호선(유라쿠초선) 연장, 도심-임해 지하철 신선 구상, 하네다공항 액세스 선과 같은 주요 신규 철도 노선이 이 지역을 거치게 되면서 도심 접근성 역시 대폭 향상될 예정이다. 도쿄도는 이러한 철도 인프라와 더불어 고속버스 시스템인 BRT(Bus Rapid Transit)도 도입했다. 2020년부터 시범 운영을 거쳐 2022년 이후 본격 운행에 들어간 BRT는 하루미, 도요스, 오다이바를 비롯한 임해 지역을 도심과 빠르게 연결하며, 이 지역의 교통 약점을 보완하는 핵심 수단이 되고 있다.

도쿄 베이 지역은 주거, 업무, 교통, 문화, 관광이 맞물린 도시로 재편되고 있다. 고층 맨션과 쇼핑몰, 국제전시장, 철도 노선, 스마트 교통 시스템이 어우러지는 '미래 도쿄의 축소판'이 세워지는 중이다. 이런 변화는 단순한 부동산 개발을 넘어 도시 구조 전체의 리디자인으로 이어지고 있으며, 투자자에게는 장기적 관점에서 반드시 주목해야 할 '전략지'로 자리매김하고 있다.

자료 16 하루미 플래그의 모습

공시지가로 확인할 수 있는 상승 변화

이러한 종합적인 도시 개발은 단순한 재개발이 아니라, 일본이라는 초도시화 사회가 맞이한 미래형 도시 구조의 '파일럿 모델'이었다. 물론 이 지역은 아직 미완성이다. 우리가 앞서 살펴보았던 '2040 도쿄 마스터플랜'과 '2050 도쿄 전략'을 통해 유추해 보자면, 앞으로의 스마트시티의 거점으로 도쿄 베이 지역은 가장 유력한 후보지로 손꼽힌다.

표21 도쿄도 주요 구별 공시지가

(단위:엔/평,%)

연도	도쿄도 평균	주오구	치요다구	미나토구	시부야구	신주쿠구	분쿄구	다이토구	고토구
2013년	2,477,311	15,770,566	14,443,255	8,195,991	8,398,767	7,148,375	2,871,455	3,249,647	1,466,690
2014년	2,762,347	18,072,662	16,832,123	9,035,648	8,966,306	8,198,194	3,062,552	3,843,801	1,530,657
2015년	2,895,290	19,818,570	17,874,523	9,622,203	9,438,652	8,609,841	3,186,409	3,945,950	1,565,682
2016년	2,955,606	20,884,210	18,231,909	9,716,079	10,059,672	8,609,532	3,237,141	3,564,677	1,580,812
2017년	3,200,221	23,666,378	19,032,976	10,390,203	11,406,359	9,212,417	3,408,977	3,800,550	1,695,592
2018년	3,402,839	25,684,691	19,866,522	11,059,181	12,655,161	10,018,648	3,618,214	4,090,603	1,783,677
2019년	3,624,612	27,172,819	20,928,004	11,940,415	13,997,590	10,789,404	3,905,623	4,549,797	1,929,614
2020년	3,837,852	28,330,840	20,729,169	13,381,576	15,405,462	11,569,230	4,234,451	5,195,224	2,086,639
2021년	3,745,567	26,743,906	20,324,183	13,214,378	15,007,984	11,047,891	4,163,863	4,932,476	2,065,702
2022년	3,733,442	26,285,537	19,366,005	13,276,112	15,032,245	11,024,157	4,231,793	4,957,820	2,103,925
2023년	3,833,615	26,648,347	19,589,862	13,604,699	15,421,935	11,287,772	4,420,807	5,164,554	2,192,148
2024년	4,050,579	27,699,999	20,374,214	14,545,056	16,480,851	11,880,398	4,762,858	5,820,446	2,326,515
2025년	4,411,751	30,422,668	20,584,395	16,121,620	17,982,350	13,172,248	5,399,735	6,671,698	2,600,386
연 평균	5.00%	5.78%	3.12%	5.88%	6.65%	5.35%	5.47%	6.49%	4.94%
근 5년 평균	2.91%	1.57%	-0.10%	3.89%	3.23%	2.76%	5.11%	5.39%	4.59%

〈출처 : 국토교통성〉

실제로 도쿄 베이 지역의 부동산 가격은 얼마나 올랐을까? 맨션인지, 신축인지, 땅의 특성은 어떤지, 입지가 어떠한지에 따라 부동산 가격은 천차만별이지만, 공통적으로 사용되는 지표인 공시지가로 확인해보도록 한다.

여기에서 각 구마다 있는 최고가 지하철역 근방의 공시지가만 다시 떼어내서 살펴보자. 이를 통해 여러 지점에 걸쳐서 평균치를 내는 각 구의 공시지가 평균 수치보다 좀 더 직관적으로 변

표22 도쿄도 주요 지점 공시지가

(단위:엔/평,%)

연도	긴자역 (주오구 긴자 4-5-6)	도라노몬역 (미나토구 도라노몬 1-15-16)	하라주쿠역 (시부야구 진구마에 1-6-15)	신주쿠니시구치역 (신주쿠구 신주쿠 3-24-1)	도요스역 (고토구 도요스 3-2-24)
2013년	89,100,000	16,665,000	16,467,000	63,030,000	미집계
2014년	97,680,000	17,424,000	17,160,000	68,970,000	미집계
2015년	111,540,000	19,140,000	18,117,000	75,240,000	미집계
2016년	132,330,000	22,407,000	19,965,000	86,790,000	미집계
2017년	166,650,000	25,773,000	22,935,000	99,660,000	4,554,000
2018년	183,150,000	28,743,000	26,070,000	112,200,000	4,950,000
2019년	188,760,000	31,845,000	29,370,000	118,800,000	5,709,000
2020년	190,410,000	34,650,000	32,901,000	125,070,000	6,567,000
2021년	176,880,000	34,980,000	31,581,000	120,450,000	6,468,000
2022년	174,900,000	34,980,000	31,020,000	119,790,000	6,600,000
2023년	177,540,000	35,970,000	31,482,000	120,780,000	6,930,000
2024년	183,810,000	37,950,000	32,835,000	125,400,000	7,590,000
2025년	199,650,000	40,590,000	38,610,000	132,000,000	8,448,000
연 평균	7.31%	7.82%	7.57%	6.51%	8.18%
근 5년 평균	1.09%	3.25%	3.52%	1.13%	5.27%

〈출처 : 국토교통성〉

화를 알아볼 수 있다.

절대 금액으로 보자면 긴자역 앞(주오구 긴자 4-5-6)은 평단가가 약 1억 9,900만 엔, 도요스역 앞(고토구 도요스 3-2-24, 도쿄 베이 지역에 위치)의 평단가가 약 844만 엔보다 거의 24배가 넘게 비싼 땅이다. 하지만 땅값 상승률로 보면 어떨까? 지난 12년 연평균 상승률이 긴자역 앞이 +7.31%, 도요스역 앞이 +8.18%로 도요스역 앞이 우세임을 알 수 있다. 그리고 일본 부동산 붐이 가속화된 최근 5년 연평균 상승률을 보면 긴자역 앞은 +1.09%를 기록했고, 도요스역 앞은 +5.27%라는 수치를 보여준다.

이는 코로나19의 영향이 컸다. 긴자역 앞은 일본 전국에서 가장 비싼 땅으로 유명한 데다, 제각각 특성이 다른 상업지 한 가운데라는 점에서 여러 특징이 있기 때문에 일대일 비교가 어렵다는 사실을 기억하자. 하지만 〈표 22〉에서처럼 도쿄 5구의 대표적인 지하철역 앞의 다른 상업지를 함께 살펴보더라도, 결과는 도요스역 앞의 땅값이 꽤 안정적이면서도 높은 상승률을 기록하고 있다는 점을 확인할 수 있다.

그래서 꼭 '비싼 땅=무조건 좋은 투자처'는 아니라는 점을 명심하면 좋겠다. 자본에 한계가 있고, 비공개 정보에 접근하기도 어려운 우리와 같은 일반 투자자들은 오히려 비싼 땅이 정답이 아닐 수도 있다. 저평가된 지역을 먼저 찾아 나서고, 외부적인 요인과 더불어 스스로 내부적인 밸류업을 함께 해나간다면 가장

자료 17 쓰키지 시장 재개발 부지의 모습

비싼 땅을 소유한 긴자역 앞 토지 소유자보다 더 훌륭한 투자자가 될 수 있다.

앞으로도 도쿄 베이 지역의 가능성은 무궁무진하다. 특히 관광 중심지로서의 역할도 기대되는데, 이 지역이 하네다공항과 접근이 쉽기 때문이다. 이미 오다이바는 외국인 관광객 유입이 활발한 상업, 엔터테인먼트 지구로 성장한 지 오래다. 실물 크기의 건담이 설치된 다이버시티 도쿄 플라자, 야경 명소로 유명한 레인보우 브릿지, 대규모 국제전시장인 도쿄 빅사이트 등. 근래 점점 더 관광지로 거듭나고 있는 도요스 지역도 살펴보면 쓰키지 시장을 이전한 도요스 시장, 대형 복합 쇼핑몰 라라포트 도요스(LaLaport Toyosu), 2024년에 새로 개업한 천객만래 쇼핑몰(Senkyaku Banrai) 등도 있다. 2030년대 전반으로 예정되어 있는 엄청난 규모의 쓰키지 시장 부지 재개발 사업까지, 임해부를 포함하여 도쿄만 수변 라인에 걸친 전체 지역이 도쿄 관광의 핵심 허브로 확장될 것으로 기대된다.

자연재해라는 가장 큰 약점

다만 주의해야 할 점은 있다. 바로 자연재해다. 일본 부동산 투자를 고민하는 투자자라면 한 번쯤은 지진 피해에 대해 깊이 생각해볼 필요가 있다. 사실만 전달하자면, 부동산 투자자가 지진 때문에 직접적으로 받는 피해보다는 지진으로 인한 또 다른 피해 즉 홍수, 쓰나미, 액상화 현상 같은 부분을 더 주의 깊게 살펴볼 필요가 있다.

1981년에 마련된 '신내진기준'이라는 내진 설계가 된 건물이라면 지진으로 인해 건물이 와르르 무너지거나 부서지지 않는다는 점은 명확하다. 신축 건물이라면 내진 설계가 필수이기 때문에 미리 걱정할 이유가 없고, 만일 신내진기준이 적용되지 않은 오래된 건물이라면 내가 매입하지 않으면 그만이다. 주위의 피해 역시 비슷하게 유추해볼 수 있다.

하지만 도쿄 베이 지역의 가장 큰 약점은 지반이다. 이곳은 매립지이기 때문에 지진이 일어나면서 지반 액상화의 위험도가 높다. 지반 액상화란 지진과 같은 강한 진동으로 지반을 구성하는 모래나 사질토가 일시적으로 물처럼 변하는 현상을 말한다. 2011년 동일본 대지진 당시 실제로도 오다이바, 신키바, 우라야스 등의 해안가 지역의 땅 일부가 액상화되면서 최대 45cm 이상 지반 침하가 되었거나, 많은 수의 주택이 기울어진 사례가 있다.

'국토지리원 시보 2011(東日本大震災における液状化被害と時系列地理空間情報の利活用)'를 살펴보면, 1970년대 이후의 매립지, 과거 하천과 늪지가 있었던 곳, 간척지를 고위험 지역으로 분류한다. 항공 레이저를 통해 침하 가능성이 있는 곳을 파악하고 지반을 개량하는 등 대책을 마련해서 시행하고는 있지만, 어쨌거나

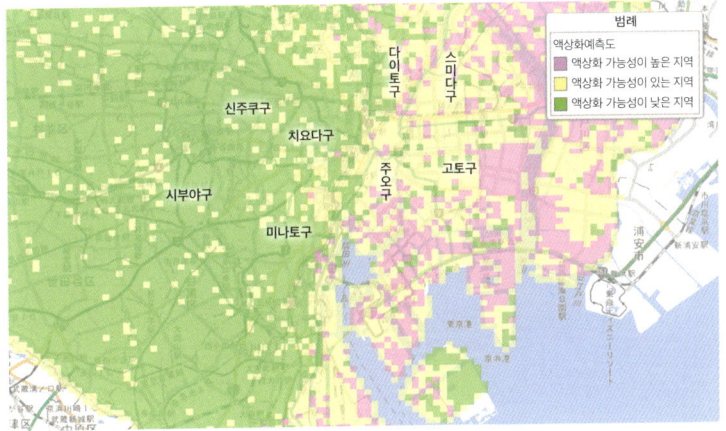

〈출처 : 도쿄도 토목기술지원·인재육성센터〉

해안가이면서 매립지인 도쿄 베이 지역의 땅 자체가 연약한 점은 피할 수 없는 약점임이 명확하다. 투자자는 꼭 지진, 홍수, 액상화 리스크를 사전에 면밀히 분석하고 인지하고 있어야 한다.

여러 호재가 이미 실현되었고 앞으로도 좋은 곳이 될 수밖에 없는 도쿄 베이 지역. 앞으로 더 기대되는 곳이라는 점에서는 이견이 없지만, 꼭 이곳이 지금 투자하기에 가장 좋다는 뜻은 아니다. 그럼에도 이곳을 소개하는 이유는 따로 있다. 도쿄 베이 지역이 본격적으로 재개발로 다시 탄생되기 시작하였던 1980년대에 우리가 이러한 도시 계획, 철도 계획을 미리 알고 있었다면 어땠을까? 분명히 이 지역 또는 연관 있는 지역에 투자하려고 하지 않았을까? 그렇게 해서 우수한 수익을 맞이할 수 있었을 것이다.

우리는 과거 재개발로 재탄생된 지역을 살펴보면서 앞으로의 전개도 어떻게 될지를 유추해볼 수 있다. 지금 우리가 도쿄 부동산을 투자하려고 하는 이 시점에서 앞서 일본의 도시 계획과 철도 계획을 충분히 살펴보았다. 다시 부동산 경기가 들썩이고 있는 도쿄도를 우리가 지금 자세히 들여다보는 중이다. 남은 투자자인 우리에게도 분명히 제2의 도쿄 베이 지역은 남아 있다.

나의 첫 일본 부동산, 투자 운영기

예기치 못한 위기, 코로나가 터졌다

때는 2020년, 내가 도쿄 신주쿠구에 있는 일동맨션을 매입한 지 약 4개월이 흐른 뒤였다. 매물 검토, 임장, 은행 신고, 송금, 계약에서부터 잔금까지, 그야말로 하루도 숨 돌릴 틈 없이 달려온 1년 차였다.

첫 건물인 만큼 애정도 각별했다. 이리 보고, 저리 봐도 사랑스럽기만 했다. '눈에 넣어도 아프지 않다'는 표현이 꼭 사람에게만 해당하는 건 아님을 그때 알았다. 작고 낡았지만 그 건물은 내게 투자의 가능성과 확장의 문을 열어준 존재였다. 수익형 부동산이라는 말이 낯설게 느껴졌던 시절에서 실제 임대료를 받고 관리까지 하는 입장이 되었다는 게 놀랍기도 하고 뿌듯하기도 했다. 어쩌면 누군가에겐 평범한 상가주택일지 모르지만, 내게는 그 어떤 부동산보다도 특별하고 상징적인 의미를 가진 공간이었다.

잔금을 마치고 나서 약 1개월이 지난 후에 등기권리증이 한국으로 도착했다. 부동산 소유자가 변경된 증서로, 정확한 일본 용어는 '등기식별정보(登記識別情報)'다. 서류 제출이나 추가 신고가 필요한 절차를 마무리했다. 이제 매입의 마무리로는 관리회사와 다시 잡힌 미팅이 남아 있었다.

나는 첫 건물을 매입하면서 기존 관리회사를 인계받았다. 당시에 계약 서류를 검토하고, 잔금의 송금을 준비하고, 대출이 문제없이 나올 수 있도록 필요 서류를 한창 집중하던 때였다. 이런 와중에 다른 관리회사를 자세히 알아볼 여력이 없었다. 더군다나 기존 관리회사는 건물을 맡아 계속 관리해왔으니 여러 관리 내역도 가지고 있을 것이었다. 굳이 다른 회사를 찾아볼 생각조차 하지 않았다.

6년이 지나 알게 된 사실은 우선 일본의 관리회사는 신뢰할 수 있는 곳을 선택하는 일이 중요하다는 점이다. 앞서 언급했듯이, 일본의 관리회사는 임대인이 해야 하는 일 대부분을 하기 때문이다. 고객의 재산을 내 것처럼 제대로 관리해주는 회사를 만나야 한다. 그런 의미에서 나는 운이 좋은 사람이었다.

꽤 시간이 흐른 뒤에야 알게 되었는데, 내 건물을 맡긴 관리회사는 그 지역에서 사업 경력이 긴 곳이었다. 오랜 세월 동안 한 자리에서 건물 관리를 해왔다는 점은 매우 중요한 지표였다. 또한 내 담당자는 일본 현장에 대해서 외국인들에게는 생소한 부분을 상세히 설명해주면서, 외국인에 대한 편견을 갖지 않고 성심성의껏 업무를 맡아주었다. 지금은 서로를 믿으면서 일을 보고받고 의심하지 않고 승인하는 편이다. 당연히 1엔도 틀리지 않고 꼬박꼬박 월세를 입금해준다.

일본 비즈니스 문화를 잘 몰랐던 초창기 시절

그럼 처음부터 이런 신뢰가 있었을까? 그렇지 않다. 오히려 나는 관리회사와의 첫 만남을 잊을 수 없다. 왜냐하면 그들이 나를 믿지 못했기 때문이다! 다시 주어를 바꾸어 말하자면, 관리회사에서 내 회사를 믿지 못했다. 그런데 또 재미있게도 당시에 그들이 나를 믿지 않는다는 사실조차 알아채지 못했다. 나는 그만큼 일본 비즈니스에 대해서 문외한이었다.

관리회사와 계약을 하기 위해 처음 만나는 날이었다. 나는 만나서 계약만 하면 된다고 단순하게 생각했다. 실제로 계약을 한다는데, 무슨 다른 고민이 있겠는가? 심지어 내가 갑인 입장인데 말이다! 그런데 예상하지 못한 상황이 발생했다. 계약서를 작성하는 자리에서 갑자기 관리회사 담당자가 '계약 기간을 3개월로 하자'고 했다. 혼란스러웠다. 관리회사가 3개월만 관리를 해준다면 그다음은 어떻게 해야 하지? 새 관리회사를 찾아야 하나? 당황스러운 순간도 잠시, 관리회사 직원은 '무언가 상황이 달라질 수 있으니 3개월로 썼지만, 당연히 문제없이 연장하겠다'라고 답했다. 나는 그 말을 곧이곧대로 믿었다. 속으로 '다행이다' 하면서.

시일이 지나고 나서 알게 된 사실은 이렇다. 이런 계약 과정은 관리회사가 신뢰가 없는 거래처와의 첫 거래를 할 때 일종의 방어 차원으로 취하는 조치였다. 관리회사 입장에서 외국인인 나는 일종의 리스크다. 내가 어떻게 행동할지 전혀 예상할 수 없기 때문이다. 일본의 문화를 모르기 때문에 일본인에게는 당연한 일을 나는 불편하게 반응할 수도 있었고, 반대의 경우도 충분히 있을 수 있었다. 그들은 3개월 임시 계약이라는 하나의 방패를 만들어두고, 나와의 일 처리에 있어서 나를 평가하고자 했다. 추후 언젠가 담당자들과의 편한 자리에서 '태어나서 한국인을 처음 보았고, 처음 말을 해봤다'라고 소감을 들었다. 그들은 이렇게나 신중했다.

그렇게 2020년의 어느 날, 관리회사와의 3개월 계약이 종료되고 정식 계약을 하러 가는 날이었다. 다행히 지난 3개월간 나는 그들에게 신뢰를 얻었던 모양이다. 어쨌든 기분 좋게 계약 연장도 잘 마무리하고, 내 건물도 잘 있나 살펴보며 한번 눈에 담고 오던 길이었다. 갑자기 한국에 있는 엄마로부터 전화가 걸려 왔다.

"한국에 들어올 때 마스크를 좀 사오렴. 우한 독감라는 게 지금 유행인데, 한국에 마스크가 없어."

당시만 해도 나는 코로나19를 조금 심한 독감 정도로만 생각했다. 실제로 일본도 비슷한 분위기였다. 그래서 마스크는 어디서든 구할 수 있었다. 나는 별다른 감흥 없이 캐리어에 마스크를 가득 담고 한국으로 돌아왔다. 그리고 그날 이후 3년간 내 건물에 찾아갈 수 없었다.

건물 매입과 동시에 시작된 코로나 위기

가볍게만 생각했던 코로나19의 유행은 결국 세계적인 팬데믹이 되었고 하늘길이 전부 막혔다. '이번 달만 지나면, 올해만 지나면 내 건물을 보러 갈 수 있겠지.' 하지만 코로나19 감염은 멈출 줄 몰랐다. 문득 걱정되었다. 안 그래도 나한테 있어서는 일생일대의 큰 사고(?)를 친 셈이었는데, 앞으로 영영 일본에 가지 못하는 게 아닐까? 그러면 내 자산은 어떻게 되는 거지? 당장 몇 년간은 괜찮겠지만, 이렇게 평생 원격으로 건물을 관리하는 게 말이나 될까? 온갖 불안이 피어올랐다.

그렇게 1년여가 지났고, 결국 올 것이 왔다. 바로 2층과 4층의 퇴실 통보였다. 사유는 역시나 코로나19였다. 2층은 사무실이었는데 하던 일이 잘되지 않아서 사업을 접었고, 4층은 집안 사정이 어려워져서 이사를 가게 되었다는 설명이었다.

사실 전부터 낌새는 보였다. 한 번도 월세를 밀리지 않던 4층이 '이번 달 월세를 반씩 나누어 다음 달과 그다음 달에 내도 되는지' 문의해 왔다. 관리회사 직원은 이런 경우, 거절하여도 상관없다고 하였다. 일본에서는 통상적으로 3개월치 월세가 밀리면 명도가 가능하다. 하지만 굳이 그렇게 하지 않았다. 오히려 4층의 사정이 빨리 나아질 수 있도록 코로나19가 종식되기를 다시금 기도하면서.

하지만 기도는 그다지 효험이 없었고, 두 층이 비었다. 호환마마보다 무섭다던 바로 그 공실. 아찔했다. 그나마 다행히도 1.5%라는 낮은 금리로 대출을 받았던 덕분에 이자 부담이 적었다. 두 개 층이 비어도 손실이 나지는 않았다. 하지만 절반으로 줄어든 수입에서 원리금을 갚고, 관리회사 수수료를 내고, 법인 운영비를 빼면 매월 남는 돈은 거의 0엔에 가까워졌다. 마음이 조급해지기 시작했다. 안 그래도 힘든 코로나19 한가운데, 과연 공실을 채울 수 있을까?

각 층의 공실이 있었던 기간은 약 6개월 그리고 두 층이 동시에 비어 있던 기간은 3개월 정도였다. 그 3개월 간은 스스로 자책을 많이 했다. '내가 어쩌다 일본에다가 큰일을 저질렀을까. 당장 공실이 있는데도 내가 가보지도 못하고, 마냥 내버려둘 수밖에 없다니. 서울 아파트나 살 걸. 만일 한 층이 더 나간다고 하면 마이너스가 날 테고, 회사도 그만두었는데 적자가 계속되면 어떡하지.' 등등. 그렇게 내가 걷고 있는 이 길이 틀렸을지도 모르겠다는 생각을 그때 처음으로 했다.

공실과의 싸움, 대책을 세우다

공실 걱정으로 매일매일 머리를 쥐어뜯고 있을 때였다. 코로나19 때문에 사람을 만날 수 없어서 이메일이나 카톡으로 겨우 조언을 얻고 있던 중이었다. 하지만 그런다고 해서 일이 해결되지 않았다. 당장 일본으로 날아가 그 건물에 갈 수도 없고, 직접 임차인을 찾아서 돌아다닐 수도 없으니까 말이다. 애꿎은 관리회사 담당자만 나에게 붙들려서 매일 공실에 대한 하소연만 듣고 있었다.

나는 다시 책을 집어 들었다. 한동안 일본 부동산 투자를 한다고 하루하루 숫자와 현장에만 몰입한 채 책은 멀리하고 살았던 터라, 읽지 못한 책이 책장에 가득 쌓여 있었다. 회사도 그만두었고 시간은 전보다 여유로워졌지만, 반대로 마음은 점점 조급해지고 있었다.

상황을 마주할수록 스스로에 대한 자신감도 흔들렸다. 처음엔 단지 공실 문제에 도움이 될 만한 아이디어나 사례를 찾기 위해 책을 펼쳤다. 그런데 어느새 나는 부동산 책을 넘어서, 자기계발서와 인문학 책까지 이것저것 닥치는 대로 읽고 있었다. 당장은 현실에 도움이 되지 않을지도 모른다는 생각이 들면서도, 책 속 문장 하나하나가 나를 붙들어주는 것 같았다. 그렇게 현실을 잠시 비켜나, 나를 위로해주는 말 속에서 시간을 보냈다.

의도하진 않았지만, 그 시기의 독서는 나에게 또 다른 '공실 대책'이 되어주었다. 물리적인 공실은 여전했지만, 그 시간을 어떻게 보내느냐에 따라 마음가짐은 달라질 수 있음을 알게 됐다. 다양한 책을 읽으며 내면의 균형을 되찾았고, 마음의 평온도 조금씩 되돌아왔다. 다시금 천천히, 내가 왜 이 길을 선택했는지를 되새길 수 있는 시간이었다.

'그래, 나는 부동산 투자라는 긴 여정에서 힘겨운 시기를 갓 1~2년 지나고 있을 뿐이야. 더 멀리, 더 깊게 보려고 시작한 일본 부동산 투자가 아닌가. 지금의 힘든 시간은 분명 나에게 다른 기회를 줄 수 있을 거야.' 그렇게 흔들리는 마음을 다잡았다.

공실에 대처하는 첫 단계, 현실 직시

공실 대책은 현실을 직시하는 데에서부터 시작이다. '공실이 나서 당장 이익이 없다고 정말 투자에 실패했을까?' 아니다. 오히려 건물주에게는 공실 상태여야만 하는 경우도 있다. 바로 리모델링과 재건축을 위해서다. 이미 지어진 건물을 새롭게 바꾸는 일은 오로지 사람이 없는 상태에서만 가능하다. 현재 나는 2층, 4층이 동시에 비어 있는 상태다. 그렇다면 옵션은 여러 가지가 있었다.

첫 번째, 전 층을 모두 비우고 리모델링이나 재건축을 할 수 있다. 이미 30년이 넘어간 건물이었다. 언젠가는 한번 뜯어고쳐야 하는 시점이 온다. 그렇다면 미리 하면 좋지 않을까? 1층과 3층을 내보내거나 나갈 때까지 2, 4층을 비워 둔 채 기다린다. 매월 마이너스가 나는 상황은 아니었기 때문에 버틸 수 있다. 혹시 코로나19의 여파로 1층과 3층도 나갈 생각을 하고 있을지도 모를 일이었다. 그동안 모아두었던 월세도 있으니 그들에게 명도를 시도해볼 수도 있었다.

두 번째, 2층과 4층을 내부 리폼을 하고 나서 다시 임차인을 들인다. 임차인들이 퇴거하면서 원상회복을 위한 클리닝을 하긴 했지만, 건물 자체가 오래되기도 했고 워낙 임차인이 오래 있었던 탓에 여러 곳이 낡았다.

리폼(リフォーム)이란 말 그대로 기존 공간을 수리하고 개선하는 작업을 뜻한다. 우리나라에서는 '실내 인테리어'라고 주로 부른다. 일본에서 '리폼'이라고 하면 보통 노후된 내부를 원래 상태 혹은 더욱 깔끔하고 실용적인 형태로 개선하는 작업을 말한다. 예를 들어 벽지를 새로 바꾸거나, 낡은 바닥재를 교체하고, 오래된 유닛 욕실을 새 제품으로 갈아 끼우는 등의 작업이 대표적이다. 기본 구조를 바꾸는 대공사라기보다는 최소한의 비용을 들이는 전략적 수선에 가깝다. 그렇다면 과연 내부 리폼을 예쁘게 하면 지금 내 건물에 도움이 되는 일일까?

일본 현지 담당자에게 의견을 구했더니

이에 대한 답을 관리회사 담당자와의 상담에서 얻을 수 있으리라 기대했지만, 위의 두 가지 방안 모두 그다지 긍정적인 답변이 오지 않았다.

첫 번째, 건물 리모델링과 재건축에 대한 대답은 '좀 더 엄격하게 검토할 필요가 있다'였다. 우선 1층과 3층의 세입자를 내보내는 과정 자체가 보통 일이 아닐뿐더러, 팬데믹 기간에 명도를 위한 협상도 쉽지 않을 수 있다는 의견이었다. 사람을 대면해서 설득해도 모자랄 판에 과연 전화나 편지 같은 방법으로 가능할지 모르는 일이라는 우려였다.

일리가 있었다. 무엇보다 오래된 건물을 리모델링하거나 재건축을 하기 위해서는 얼마나 들지, 얼마의 이익이 기대될지 등 정확한 수익 분석이 필요한데, 꼽을 만한 주위 사례가 많지 않고 이 또한 원격으로 하기 어렵다는 점도 문제였다. 특히나 내가 외국에 있기 때문에 더 불편한 일이었다.

두 번째, 내부 리폼에 대한 대답은 '리폼을 한다고 해서 월세를 올리기는 쉽지 않다'였다. 내부 리폼은 당연히 하면 좋지만, 한다고 해도 공실이 빨리 채워진다든지, 월세를 올릴 수 있다든지 등은 미지수라는 의견이었다. 게다가 팬데믹 기간 동안 리폼 가격도 상당히 오른 상태여서 그만큼 효과가 있을지도 몰랐다. 돈을 들여 고쳐서 미미하게 월세를 올리거나 몇 개월 수준으로 월세를 빨리 받기보다는, 돈을 들이지 않고 자연 상태 그대로 월세를 받게 되는 편이 더 이득일 수도 있다고 했다. 이 또한 일리가 있었다.

우려 섞인 시선에도 리폼을 결정하다

관리회사 담당자와 상담하고 나는 어떤 결정을 내렸을까? 두 번째 안인 내부 리폼을 선택했다. 마음 같아서는 첫 번째 '리모델링 또는 신축'을 해보고 싶었다. 언젠가 나는 내 건물을 짓겠다는 꿈을 꾸고 있었다. 이렇게 된 참에 앞당겨서 저질러 버릴까 하는 생각이 들었다. 하지만 이상과 현실은 다른 법이다. 당장 한계에 부딪혔다.

일단 돈이 없었다. 리모델링과 신축 모두에 상당한 돈이 필요했지만 내 손에 들려 있는 현금은 너무 적었다. 당시에 서울 부동산 분위기도 좋지 않았기 때문에 남은 부동산을 매각해서 현금을 보유하기도 쉽지 않은 일이었다. 만일 어떻게든 돈을 마련했다고 한들, 팬데믹 때문에 일본에 갈 수 없고 모든 일을 원격으로 처리해야 하는데, 이는 도저히 엄두가 나지 않았다. 아무리 관리회사와의 신뢰가 두텁다고 해도 건물을 다시 짓는 수준의 일을 대리로 맡길 수는 없는 일이었다.

하지만 실내 리폼은 달랐다. 일본에 가지 않고도, 내가 가진 현금에서 원격으로도 충분히 할 수 있는 수준이라고 생각했다. 나는 지난 10년 동안 한국의 오래된 빌라나 아파트를 사서 고치는 투자를 여러 차례 해본 경험이 있었다. 오래된 주택을 예쁘게 인테리어를 한 후 전세, 월세를 올렸던 기억을 떠올리니 어느 정도 자신감도 있었다. 창틀, 단열, 방수, 도배, 장판, 싱크대, 화장실 등의 리폼 정도는 관리회사를 통해 원격으로 진행할 수 있다고 판단했다. 실제로 진행하면서도 꽤 익숙한 용어를 보면서 다행이라는 생각을 했다.

물론 일본에서는 리폼을 했다고 해서 월세를 그다지 올릴 수 없다고 듣기는 했지만, 왠지 나는 그렇지 않을 수 있다고 기대했다. 다만 이런 생각을 뒷받침할 만한 객관적인 근거는 없었고, 단지 '사람 사는 곳은 다 비슷하니까'라는 생각이었다. 입지가 비슷한 곳에서도 보기 좋게, 살기 편하게 수리를 해둔 곳은 분명 그렇지 않은 곳에 비해 조금 더 비싸더라도, 기꺼이 돈을 지불할 임차인은 분명히 있다는 확신이었다.

리폼 역시 도전적인 시도임은 마찬가지였다. 그렇지만 도전 비용으로는 감수할 수 있다고 생각했다. 첫 번째처럼 건물 전체의 리모델링이라면 수억 원 단위의 도전이지만, 내부 인테리어 정도라면 몇천만 원 단위니까 말이다. 만일 관리회사 직원의 말대로 몇백만 엔을 써서, 월세 단 5,000엔밖에 못 올린다고 해도 괜찮다. 나는 수익형 부동산을 샀기 때문에 월세가 조금이라도 오르는 만큼 건물 가격도 오르는 결과가 되니까! 그렇다면 월세를 못 올리는 경우라면? 그래도 괜찮다. 내가 또 언제 일본에서 리폼을 해볼 수 있을까? 몇천만 원짜리 경험은 내가 감당할 수 있는 수준이면서도 또 그만한 가치가 충분히 있다고 판단했다.

리폼하는 데 들어간 비용은?

4층의 면적은 105.79m^2이다. 리폼 비용은 총 330만 엔이 들었다. 창틀을 제외하고 대부분을 고쳤다. 싱크대와 세면대를 교체하고, 벽지와 마루를 새로 깔고, 조명을 전부 LED로 바꾸고, 내부 복층 계단을 수리했다. 하나의 방은 일본식 방(와실, 和室)이라 전부 새 다다미로 교체했다. 당시 비슷한 시기에 경기도 수원시에 있는 24평(80m²) 아파트를 창틀 포함 전체 리모델링의 비용으로 약 3,000만 원 정도를 들였는데, 환율과 물가를 감안해도 일본의 리폼 비용이 아주 비싸다고 느껴지지 않았다.

2층의 면적은 83.70m²이고, 그나마 상태가 양호했다. 사무실로 사용했던 공간이라 원상복구 수준만으로도 충분했다. 세면대 교체와 클리닝 정도로 마무리했는데, 이곳의 총 수리 비용은 60만 엔가량 들었다.

리폼을 마치고 난 뒤, 2층과 4층은 완전히 다른 공간이 되었다. 그간 무채색의 낡고 음침하던 방은 밝은 조명과 새 바닥재, 말끔한 도배 덕분에 전혀 다른 인상을 주었다. 관리회사에서 보내준 사진을 처음 받아봤을 때, 내가 산 건물이 맞나 싶을 정도였다. 물론 내부 리폼만으로 외관의 낡음을 완전히 감출 수는 없다. 하지만 사진 몇 장으로도 '이 집은 정성껏 손질했다'는 인상을 줄 수 있다면, 그것만으로도 경쟁력은 생긴다.

당시 코로나19 한가운데, 집 안에 머무는 시간이 늘어나면서 일본에서도 넓은 집에 대해 많은 이슈가 일어났다. 그동안 좁은 방에서 생활하는 데 익숙했던 일본인들이 재택근무를 하면서 더 넓고, 쾌적한 방에 대한 요구가 늘어나고 있었다! 어쩌면 일본도 코로나 이후 사람들의 생각이 바뀌지 않았을까 하는 생각이 들

자료 19 리폼 전후 사진

벽지와 마루, 조명까지 전면 수리한 4층의 전후 변화

다다미를 전면 교체한 전후 변화

씽크대와 세면대를 전면 교체한 전후 변화

었다. '조금이라도 더 깨끗한 집', '관리 잘된 집'을 찾는 사람이 전보다는 늘지 않았을까?

리폼으로 수익률 10% 올리기 성공

기대감 반, 불안감 반. 그렇게 새 단장을 마친 2층과 4층 모두 내가 욕심부린 만큼 월세를 올려서 시장에 내놓았다. 그리고 놀랍게도, 예상보다 빠르게 문의가 들어왔다. 결과만 놓고 보자면 나는 2층과 4층의 월세를 7만 엔까지 높였다. 이렇게 수익률은 약 10%가 올랐다. 물론 관리회사 담당자의 우려 섞인 피드백도 있었지만 나만의 확신을 갖고 밀어붙인 결과였다.

일본도 결국 사람 사는 곳이다. 사람들이 좋아하도록 예쁘게 고쳐놓은 공간은 더 빨리, 더 좋은 조건으로 나간다. 그동안 쌓아 왔던 나만의 노하우가 빛을 발한 셈이다. 또한 리폼 이후의 각 방을 바라보면서 주변 부동산 시장을 분석하고 빈틈을 파고 들었던 전략 역시 유효했다고 생각한다.

동일한 대상을 오랜 시간 지켜봐 온 사람일수록, 익숙한 규칙을 그대로 따르게 마련이다. 일본의 부동산 투자 시장과 임대 시장도 마찬가지다. 일본인들은 자신들이 오랫동안 경험해 온 방식대로 사고하고 움직인다. 그래서 관리회사의 담당자는 한국인인 내 생각에 부정적인 태도를 취했을지도 모른다. 나 역시 한국 부동산, 일본 부동산에 나만의 시선이 스며든 탓이다. 하지만 이 덕분에 한국인인 내가 일본 부동산을 다른 시선으로 볼 수 있었다. 다른 시각으로 세입자를 바라보았고, 새 포지션을 만들었다. 다행히도 이 전략은 잘 먹혔다.

여기서 나는 중요한 포인트를 강조하고 싶다. 일본 부동산은 해외에 있다는 이유만으로도 어려운 점이 많다. 정보도 투명하지 않고 시장을 파악하기도 쉽지 않으니까 말이다. 하지만 역으로 생각하면 해외 투자자라서 할 수 있는 도전도 있다. 일본인들이 알아채지 못했던 틈을 비집고 들어갈 수 있는 것이 바로 우리 해외 투자자들만이 할 수 있는 능력이다. 전문가의 의견이 언제나 100% 옳지 않을 수도 있다. 감당할 수 있는 범위 내에서 나만의 투자를 밀어붙이는 시도도 좋다.

재계약 성공!
월세를 올린 비결

 일본에서 빈방의 세입자를 구하는 과정은 한국과 다르다. 우리나라는 세입자가 나간다는 의사를 밝히면, 대개 새로 들어올 세입자에게 살고 있는 집이나 사용 중인 사무실 내부를 보여준다. 그리고 새로 들어올 세입자와 일정을 맞춰 나가는 날짜를 잡는다. 하지만 일본은 그렇지 않다. 무조건 먼저 세입자가 나간 후 빈방을 만들고 나서야 세입자를 구할 수 있다. 물론 새 세입자를 구하는 광고는 미리 할 수 있긴 하지만, 어쨌거나 집을 미리 보여주는 일은 없다. 일본에서는 내부를 보는 행위를 내견(内見)이라 부르는데, 꼭 방이 비어 있어야 가능하다.
 방이 비는 일 없이 세입자를 새로 구하는 우리나라의 방식은 임대인에게 유리하다. 방이 비면 그만큼 임대인 입장에서는 월세를 받지 못하고, 대출 이자와 관리비를 고스란히 부담해야 하기 때문이다. 한국은 전세 제도 때문에 이렇게 빈집 없이 바로 세입자를 바꾸는 일이 자연스럽게 자리를 잡지 않았을까 생각한다. 전세금은 상당히 큰 금액이니, 그만한 돈을 바로 내줄 수 있는 임대인이 많지 않기 때문이다.

일본에서는 보증금이 월세의 1~2개월치, 많더라도 6~12개월치 수준인 데다가, 임차인에게 원상회복 비용을 부담시키게 되면 사실상 내주는 보증금이 많이 남지 않게 되어버린다. 그러니 임대인은 보증금을 바로 내어줄 수 있어 빈방을 만드는 일도 크게 부담이 되지 않는다.

일본에서 계약 기간을 지키지 않고 먼저 나가는 세입자는 해지예고위약금을 지불한다. 이 금액은 월세의 1~2개월치로, 임차 계약을 할 때 정한다. 내 건물 역시 2층, 4층이 먼저 나가게 되면서 이 위약금을 받게 되었다. 불행 중 다행으로 1~2개월의 공실 손실은 보완이 된 수준이었다.

하지만 새 세입자를 들이려면 신규 비용이 발생한다. 우선 부동산 중개를 하면서 지불하는 중개수수료다. 새 임차인을 데리고 오는 일은 중개만 전문으로 하는 중개회사가 할 수도 있지만, 부동산 관리를 해주는 관리회사가 중개를 겸하고 있는 경우도 흔하다. 즉, 임대인은 공실이 생겼을 때 관리회사에 일차적으로 새 세입자를 구해달라고 요청하는데, 그때 관리회사가 중개도 함께 하고 있을 수도 있다. 이런 경우라면 보다 일 처리가 빠르다. 월세 계약의 중개수수료는 월세 1개월치로, 규정상 중개수수료는 이 이상의 금액은 받을 수 없다.

다만 일본 임차 시장에는 광고비(AD)라는 항목이 있다. 다른 집보다도 내 집을 먼저 예비 세입자들에게 소개해 달라는 명목의 금액으로, 중개수수료와는 다른 개념이다. 대개 월세의 1~2개월분을 지불하며, 이는 중개회사의 또 다른 수익원이 된다.

표23 세입자를 들이는 데 필요한 신규 비용

광고비(AD)	내 집을 예비 세입자에게 먼저 소개해달라는 명목의 비용	월세 1~2개월치
부동산 중개수수료	부동산 중개업자가 세입자와 집주인 사이에서 계약을 성사시키고 받는 수수료	월세 1개월치
총계		월세 2~3개월치

2층은 기존 세입자가 사무실로 사용했기 때문에 동일하게 사무실로 광고를 냈다가, 얼마간 시간이 흘러도 세입자가 구해지지 않아 거주용으로도 내놓았다. 역 도보 6분 거리, 2층의 탁 트인 발코니가 있어 실제 거주로도 괜찮았다. 이전 세입자로부터 받고 있었던 월세는 179,000엔이었다. 주위 비슷한 면적의 맨션 시세를 알아보았더니 20만 엔은 받을 수 있어 보였다. 관리회사 담당자 역시 동의했다.

월세를 올리기 위해 새로운 시선으로 분석하다

문제는 4층이었다. 리폼에만 330만 엔이라는 적지 않은 비용이 들어갔기 때문에 월세를 반드시 올려야 했다. 단순히 들어간 비용을 회수하는 차원을 넘어서, 리폼의 진짜 목적은 건물의 가치를 높이는 데 있었다. 수익률이 오르면 건물의 가치는 자연스럽게 따라오고, 결국 이는 매각 시점의 가격 상승으로 이어진다. 다시 말해 월세를 높이는 일은 곧 건물의 몸값을 높이는 일이기도 했다. 그런 만큼 월세 올리기는 내 최대 미션이 되었다.

하지만 관리회사 담당자의 의견은 리폼을 해서 최대한 좋게 만들었다고 한들, 너무 오래된 건물인 데다가 엘리베이터가 없는 약점도 있어 월세를 이전보다 많이 올릴 수 없다고 했다. 월세를 유지만 해도 다행인 수준이라는 의견이었다. 나는 아무리 생각해도 동의할 수 없었다.

내가 특히 고집을 부렸던 이유는 따로 있었다. 바로 4층의 방이 가지고 있는 희소성 때문이었다. 4층은 정확히 말하자면 5층까지 연결되어 있는 복층으로, 4LDK였다. 방 4개와 거실(Living room), 식당(Dining room), 주방(Kitchen)으로 이루어진 패밀리형 구조다. 면적은 105.79m²로 넓은 집이었다. 내 건물이 위치한 카구라자카 근방에는 구축, 신축 맨션이 모두 많은 편이다. 하지만 대부분이 원룸 맨션이다. 딱 하나의 방으로만 되어 있는 1R, 약간의 공간 구분이 되어 있지만 면적이 10평이 채 넘지 않는 1DK, 1LDK 였다. 방 2개짜리 맨션도 찾아보면 드문드문 있었지만, 흔치 않았다.

주위의 4LDK 임대 목록을 찾아보았지만 빈방이 없을뿐더러, 월세 역시 최소 20만 엔 후반대를 웃돌았다. 비단 이 동네의 이야기만은 아니다. 도쿄 도심부 내에 방 4개짜리의 집을 구하기는 꽤 힘든 일이다. 그런 이유로 4층에는 분명 적합한 수요층이

자료 20 4~5층 복층 호실의 평면도

4층

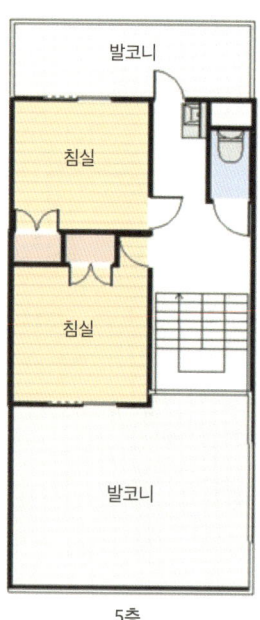
5층

있겠다고 판단했다. 4LDK라는 넓은 집을 분명히 필요로 하지만, 월세를 최소 30만 엔 이상을 지불하지 못하는(혹은 안 하려는) 수요층. 도심부 한가운데에 위치한 역 도보 6분 거리라는 좋은 위치, 리폼을 해서 깨끗해졌고 충분히 가족이 쾌적하게 거주할 수 있는 집으로, 비교적 저렴한 가격대를 원하는 사람들은 분명히 있다고 생각했다.

지난 세입자는 월세 19만 엔을 지불하고 있었다. 정말 저렴한 가격이었다! 이전 집주인은 임차 관리를 제대로 하지 않기도 했고, 받는 월세에 대해 신경을 쓰지 않았다. 하지만 지금은 달랐다. 나는 적극적인 행동을 할 수 있는 사람이었다. 그래서 관리회사 담당자의 우려에도 내 생각을 밀어붙였다. 공실이 길어져도 괜찮으니, 월세를 올려서 모집 공고를 내달라고 했다. 그렇게 제시한 금액은 23만 엔이었다. 나는 26만 엔까지 충분히 받을 수 있다고 생각했지만, 확실히 관리회사 직원의 말대로 오래된 연식과 엘리베이터가 없는 단점이 있었기 때문에 금액을 절충해서 낮추었다.

윈윈이었던 새 세입자와의 만남

결론은 어떻게 되었을까? 월세 24만 엔으로 새 세입자를 받을 수 있었다! 내 예상이 그대로 들어맞았다. 새로 들어온 세입자는 미국에서 살다 온 일본인 가족이었는데, 구성원은 부부와 청소년 자녀 두 명으로 전부 4명이었다. 그들은 미국의 넓은 집만큼은 아니더라도 독립적인 방으로 나뉜 적당한 공간을 원했고, 위치는 신주쿠를 벗어나지 않았으면 했다. 하지만 그들이 원하는 집은 월세 35~40만 엔에 달했다고 한다. 그들은 적정한 월세, 적정한 컨디션의 집을 원했는데, 이곳이 딱 들어맞았다고 했다.

최종 협의가 된 결과를 들어보니 월세를 1만 엔 올린, 24만 엔이었다. 어떻게 된 일일까? 23만 엔으로 낸 모집 공고를 분명 확인했는데 말이다. 나중에 알고 보니, 관리회사 담당자가 싱크대 변경 조건을 걸고 월세 1만 엔을 더 올렸다는 것이었다.

그들은 싱크대 구조의 변경을 원했다. 자신들의 라이프 스타일에 맞춰 식기세척기를 새로 설치하고 조리 공간을 좀 더 넓게 바꾸고 싶어 했다. 비용은 본인들이 부담하고, 추후 퇴거할 때 원상회복을 하겠다고 제안했다. 사실 나는 그다지 상관이 없었다. 오히려 대신 비용을 들여 고쳐준다는 소식이 더 반가웠기 때문에 흔쾌히 허락했다.

관리회사 담당자는 이 요구를 조율하면서 세입자가 원하는 대로 임대인이 허락을 해주었으니, 그에 대한 보답의 격이랄까? 월세를 1만 엔 더 올려서 제시한 것이었다. 처음에는 월세 인상에 부정적이었던 관리회사 담당자는 어느샌가 완전히 상반된 태도로 임하고 있는 모습이었다. 외국인인 내가 현지 사정도 잘 모르고 무리한 요구를 한다고 생각할 수도 있었을 텐데, 내 의견에 성실히 따라주었고 월세까지 올려준 셈이었으니 무척이나 감사했다.

이렇게 나는 최종적으로 2층과 4층의 월세를 8만 엔가량 높였다. 매년 96만 엔의 추가 수익이 생겼다! 그리고 무엇보다 리폼으로 월세를 높여 이로 인해 건물의 가치도 올라갔다는 점이 제일 좋았다. 동일한 4%의 수익률 시세로 건물을 내놓는다고 생각해보자면, 월세를 올린 과정을 통해 내 건물의 가격은 200만 엔 상당의 이득을 본 셈이다.

표 24 월세 수입에 따른 건물 매매가 차이

(단위: 엔)

월세 수입(연)	680,000	760,000
수익률	4%	4%
건물 예상 매매가	17,000,000	19,000,000
차익	2,000,000	

마음고생을 심했던 공실의 터널을 지나 다시 만실 상태가 되었다. 마음고생과 비용 손실은 조금 있었지만 이렇게 월세를 올리고 보니 1층과 3층도 작업하고 싶은 마음이 생겨났다. 하지만 세입자들이 내 의견에 그대로 따라줄지는 모를 일이었다. 이런 저런 고민을 하고 있을 때였다. 어느덧 2022년 하반기로 접어들고 있었다.

예상치 못한
매각 제안을 받다

2022년 하반기, 일본은 코로나19의 긴 터널을 지나 일상 회복의 문턱에 서 있었다. 물론 한국에서도 코로나19의 종식을 기대하는 분위기가 조금씩 감돌기 시작했다. 그에 더불어 따라오는 트렌드는 항상 보복 소비 심리와 같은 단어였다. 그동안 바깥 활동을 하지 못했고, 사람들과의 만남도 없었으니 코로나19가 종식되면 오프라인 활동에 대한 열망이 일어난다는 예상이었다.

하지만 반대 의견도 상당했다. 사람들은 회식이나 오프라인 모임이 줄어든 변화에 이미 익숙해져서 이전처럼 활발해지지 않을 수 있다는 말도 돌았다. 어느 쪽이 맞을지는 몰랐다. 하지만 부동산 시장에서는 이런 변화를 미리 가늠해보는 일이 중요한 의미를 가진다. 부동산 투자자는 결국 '공간'을 임대하는 사람이기 때문이다. 세상이 완전히 바뀌어 갈 때에는 어떤 공간이 더 필요해지고, 어떤 공간이 잘 맞게 될지를 끊임없이 고민해야 한다.

그 무렵, 한 통의 메일이 도착했다. '소유하고 계신 부동산의 상담에 대하여'라고 시작하는 메일이었다. 자신들은 부동산 회사이고, 내 건물 근처의 부지에서 새 건물을 짓는 계획을 하고 있다고 했다. 내가 만일 매각 의사가 있다면 상담하고 싶다는 내용이었다. 편지에는 꽤 구체적인 내용이 적혀 있었고, 편지의 마지막에 담당자 연락처가 있었다. 처음엔 별생각 없이 넘기려 했다. 만실도 되었고, 월세도 올렸다. 수익이 안정적인 상황에서 굳이 팔 필요는 없다고 생각했기 때문이다.

일본과 정반대로 움직였던 한국 부동산 시장

하지만 걱정되는 부분도 분명히 있었다. 당시 일본 부동산 시장이 조금씩 살아나는 분위기였다면, 한국의 분위기는 정반대였다. 2022년 하반기, 한국의 부동산 시장은 처음으로 '이제 정말 떨어진다'라는 불안감이 확산되던 시기였다. 기준금리는 연이어 인상되었고, 아파트 거래량은 반토막이 났으며, 그 많던 매수세는 자취를 감췄다. 부동산 전문가들도 '지금은 사지 말라'고 입을 모으기 시작했다. 그야말로 거래 절벽, 가격 조정, 매수 실종이 동시에 일어나는 분위기였다.

문제는 내가 가지고 있던 포트폴리오였다. 나는 일본의 수익형 건물을 매입하고 나서 3년여간 월세를 모았다. 그중 일부는 리폼을 하면서 사용했고, 일부는 한국으로 들여왔다. 그렇게 모은 작은 종잣돈으로 다시 한국 부동산 몇 채를 매입했다. 수도권에 있는 작은 아파트와 오래된 빌라를 갭투자로 샀고, 분양권을 매입하기도 했다. 그런데 금리 인상과 더불어 한국 부동산 시장이 갑작스러운 하락기에 접어들자 빌라 전세 사기 사건을 시작으로 여기저기서 역전세, 중도금 대출 거절, 경매 급증 등 여러 이슈가 나타나기 시작했다.

부동산 상승장이라면 아무런 문제가 되지 않았을 텐데 하락장이 되면서 모든 문제가 동시에 발생한다. 갭투자라면 역전세가 일어나면서 내려간 만큼의 전세금을 내어주어야 하고, 분양권이라면 중도금 대출이 예상만큼 나오지 않아서 잔금을 치를 현금이 더 필요하게 된다. 이 외에도 대출을 갚지 못하거나 돌려줄 전세 대금이 없다면, 최악의 상황인 경매 시장으로 넘어가게 된다. 그 당시 부동산 투자자들은 발등에 불이 떨어진 상태로 여기저기 급전을 구하러 다녔다. 혼돈 그 자체였다.

불행 중 다행이라면, 내가 갭투자와 분양권으로 매입했던 한국 부동산의 규모가 작았다는 사실이었다. 월세를 모은 금액으로만 투자했기 때문에 큰 금액의 투자를 할 수도 없었던 덕분이었다. 한 채당 투자금은 약 5천만 원에서 1억 원 사이가 들었다. 2020년에서 2022년 동안 한창 한국 부동산이 급등하던 시기에는 투자금이 적어서 속상했던 적도 있었다. 나만 뒤처지고 있는 불안감인 포모(FOMO, Fear Of Missing Out)라고 해야 할까? 나 말고 다른 사람들은 한국 부동산으로 훨씬 더 큰돈을 벌고 있다고 생각했고, 심지어 일본에 있는 건물에 공실까지 났으니 불안감이나 두려움 같은 부정적인 감정이 있었다. '내가 일본 건물에 투자하지 않고 전부 서울 아파트에 투자했다면 훨씬 더 많은 돈을 벌었을 텐데…' 하지만 만일 내가 기존에 했던 방식대로 한국 부동산에 올인했다면, 아마 하락장을 못 버티고 사라져서 지금 이 책을 쓰지 못하고 있을지 모르겠다.

비록 들어간 투자금이 적었다고는 해도 어쨌거나 나에게도 역전세나 대출 거절과 같은 비슷한 일은 벌어질 수 있었다. 그런 상황을 대비해 나는 여유자금을 현금으로 가지고 있어야 했다. 만에 하나, 일이 잘못되더라도 나는 살아남아야 한다.

건물 매각 결정을 망설인 이유

하지만 '건물을 매각해서 현금화를 시켜두면 좋겠다'라는 생각과는 달리, 선뜻 건물을 판다는 결정은 쉽지 않았다. 나에게는 믿을 수 있는 관리회사, 새로 월세를 올린 세입자, 꼬박꼬박 나오는 월세가 있었다. 현상 유지만으로도 완벽했다. 무엇보다 꽤 애정이 있던 건물이었고, 나의 첫 일본 투자의 결과물이기도 했다.

그리고 머뭇거리는 이유를 하나 더 꼽자면, 코로나19가 종식되면 오프라인 활동이 더 활발해지리라 생각했기 때문이다. 사람들끼리 모임이 늘어나거나, 전 세계로 여행을 더 많이 떠날 것이다. 찬반 의견이 있을 때, 나는 찬성에 가까웠다. 사람은 사회적 동물이 아닌가. 그리고 비정상적으로 돈이 많이 풀려 있었고, 오랜 기간 사람들은 억압되어 있었다. 분명히 여행 수요, 소비 수요가 살아날 것 같았다. 단순한 감이었지만 말이다. 그래서 이 건물을 팔려는 이유는 그다지 없었다. 정확히 말하자면 '팔고 싶지 않았다'.

그동안 일본 부동산 시장은 조용히, 하지만 분명하게 움직이고 있었다. 매스컴에서는 '도쿄의 부동산 가격이 오르고 있다'는 보도가 이어졌고, 여러 루트를 통해 듣는 이야기로도 요즘 들어 매입 문의가 부쩍 늘었다는 소식이 많았다. 처음엔 반신반의했지만, 정기적으로 확인하던 부동산 시세 데이터와 주변 거래가를 비교해보니 정말로 도쿄 부동산은 오르고 있었다!

미국이 2022년부터 4~5번에 걸쳐 제로 금리에서 4%대까지 기준금리를 인상하면서 시장에 엄청난 충격을 주었고, 타 국가들도 미국과 같은 방향으로 흘러가고 있었다. 하지만 일본은 이와 다른 노선을 정했다. 일본의 초저금리 기조는 계속되고 있었다. 전 세계가 기준금리를 계속해서 인상했지만, 일본만큼은 그들의 제로 금리를 유지했다. 그리고 앞으로도 금리 인상에 대한 메시지를 신중하게 발표했다.

금리 역전 현상이 계속 일어나니, 환율은 유례없는 엔저가 계속되었다. 전 세계 사람들은 엔을 안전자산으로 여기고 있지만, 단기적으로 일어나는 엔 매도 현상 그리고 달러 강세, 원 강세는 계속되었다.

엔저가 계속되니, 엔이 저렴해 보인다. 비단 물건뿐만이 아니었다. 부동산도 마찬가지였다. 동일한 가치를 지닌 부동산이 엔

자료 21 미국과 일본의 금리 추이

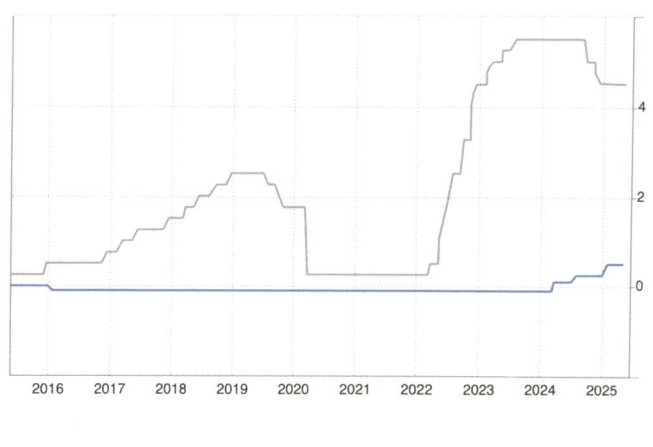

〈출처 : tradingeconomics.com〉

자료 22 엔/원 환율 추이

〈출처 : Investing.com〉

저라는 이유로 확실히 저렴해졌다. 1억 엔짜리 건물은 이전에는 10억 원이 필요했지만(환율 100엔=1,000원), 어느샌가 9억 원(환율 100엔=900원)이면 살 수 있었다. 한국인을 포함한, 전 세계에 있는 외국인들은 같은 생각을 하게 된다. 그렇게 부동산 시장이 외국인 투자자에게 유리한 방향으로 흘러가고 있었다.

코로나가 끝난 뒤 다시 조명받는 공간의 가치

게다가 코로나19가 시작되기 직전 계속해서 늘어나고 있었던 일본의 관광객 역시 신경이 쓰였다. 일본은 코로나19가 터지기 전까지 계속 관광객 유치를 늘리고 있었는데, 관광객 수치가 사상 최대에 달했다. 그리고 코로나19로 인해 완전히 중단되었는데, 만일 사람들의 관광 수요가 다시 늘어난다면 일본에서 강력하게 진행했던 관광객 유치 활동도 재개되지 않을까 하는 기대감이었다.

관광객이 늘어나면 무엇을 할까? 관광객은 철저하게 오프라인 활동만을 한다. 음식점에 들어가서 밥을 사먹고, 가게에 들러서 쇼핑을 한다. 동네를 걷고, 관광지를 체험하면서 관광을 한다. 어딘가에 들어가서 잠을 잔다. 이 모든 것은 오프라인 활동, 더 넓게는 '공간'의 영역이다. 공간은 결국 부동산이다. 음식점이 되었든, 가게가 되었든, 호텔이 되었든, 주택이 되었든 간에 그렇게

 일본 외국인 관광객수 추이(파란색 그래프)

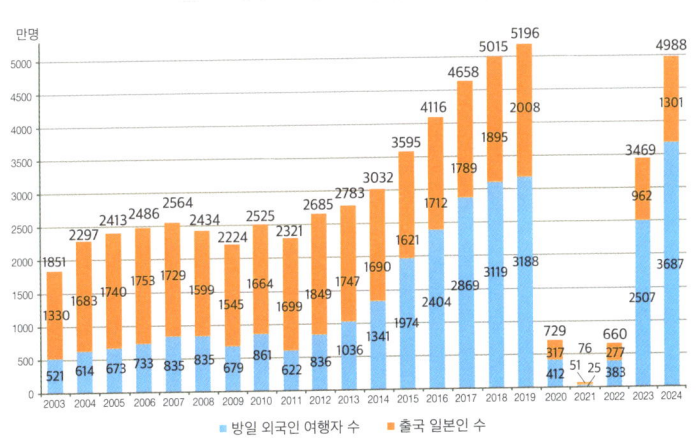

〈출처 : 일본 정부 관광국〉

부동산의 수요는 늘어난다.

  국내외로부터 계속해서 오르고 있는 일본 부동산 수요는 자산 인플레이션을 자극하고 있었다. 여러 변수가 '지금'이 적기라고 말해주는 듯했다. 가격이 계속 오른다면 좋은 일이다. 더 똘똘한 물건으로 갈아탈 수도 있고 혹은 한국과는 완전히 다른 일본의 상황을 이용해서 현금을 확보하고, 한국에서 좋은 물건이 싸게 나왔을 때 재빨리 살 수 있는 찬스를 얻을 수도 있다. 여러모로 좋았다. 나의 투자는 계속되어야 한다.

  2019년, 서울 아파트가 한창 오름세에 있을 때 매각 결정을 내릴 수 있었던 데에는 이성보다 나의 감이 더 크게 작용했기 때문인지도 모른다. '지금 팔면 수익이 확정되는가?', '이 타이밍이 지나면 기회를 놓치게 되는가?' 이번에도 마찬가지였다. 결국 나는 '지금이다'라는 직감에 따라 매각 협상에 응하기로 결정했다. 매도는 기다리는 게 아니라, 준비된 사람이 시장의 신호를 읽고 움직이는 것이다. 결국 나는 메일을 보낸 업체에 연락했다. 관심이 있으니 미팅을 하자는 내용이었다. 나는 나름대로 큰 결심을 한 셈이었다.

3년 만에 150% 수익을 실현한 매각 전략

사람의 마음이란 신기하다. 이성적으로는 알지만, 감정적으로 어렵다. 돈 앞에선 더 그렇다. 게다가 상승장이라는 사실을 알면서도 매도를 해야 하는 시점에서 과연 나는 얼마나 만족할 수 있을까? 부동산 투자를 하다 보면 의외로 매수와 매도는 숫자의 영역이 아님을 알게 된다. 완전한 심리의 영역이다.

매각 협상을 갖는 첫 번째 자리는 아직 완전하게 비행길이 열리지 않았기 때문에 화상 미팅으로 대체했다. 이전에 몇 차례 이메일을 주고받았다. 편지의 내용은 사실이었다. 나에게 연락한 부동산 회사는 도쿄 도심부에 있는 부지를 매입해서 맨션을 새로 지어 분양하는 디벨로퍼였다. 그리고 실제로 내 건물 주위의 땅을 매입하고 있었다.

  개인이 디벨로퍼의 일을 하기에는 한계가 많다. 내가 2층과 4층의 공실을 어떻게 처리할지에 대해 고민할 때, 첫 번째 옵션이 리모델링과 재건축이었지만 현실적으로 어려운 점이 많았다. 제일 문제는 돈이었다. 철거 비용, 건축 자금을 내려면 여유 자금으로 해야 한다.

  그런데 개인이 할 수 있는 자본력에는 한계가 있다. 내가 현금이 아주 많거나, 그렇지 않다면 은행으로부터 그만큼의 현금을 빌려야 하는데 일본에서 이 일은 꽤 어렵다. 한국에서도 PF대출이라고 부르는 새 건축 자금을 빌리는 일이 쉽지 않듯이 말이다. 여태껏 비슷한 일을 해왔던 경험이 있다거나, 다른 부동산으로 추가 담보를 제공할 수 있는 여력이 있는 등 말 그대로 '디벨로퍼'의 영역으로 진입해야 한다. 나처럼 처음 무언가를 도전하는 사람에게는 이렇게까지 규모를 키우기는 사실상 불가능에 가깝다.

자본력으로 더 크고 좋은 건물을 짓는 디벨로퍼

  회사가 개인보다 유리한 점은 무엇보다 땅을 계속 매입해서 건물을 더 크고 좋은 형태로 지을 수 있다는 데 있다. 건물을 새로 지을 때 더 좋은 건물이 되기 위해서는 대표적으로 땅(건축부지)을 크게 하거나, 더 넓은 도로를 맞닿게 하거나, 남향 대신 북향으로 짓는 방법이 있다. 이렇게 하면 더 넓은 땅에, 더 높게 지을 수 있다.

그래서 내 땅에 더 크고 높은 건물을 짓고 싶다면 방법은 간단하다. 옆 땅을 계속해서 매입하면 된다. 그렇게 땅을 크게 만들고 설계를 하면 된다. 하지만 개인은 자본이 한정되어 있기 때문에 사실상 불가능한 일이다. 여기서도 마찬가지다. 땅을 매입하려는 자금을 내가 아닌 회사가, 정확히 말하자면 회사에 돈을 빌려주는 은행이 되면 자본력은 무제한이 된다.

내 땅을 매입하려는 회사는 자신들의 강점을 내세웠다. 분명히 나도 언젠가 내 땅에 새 건물을 짓는 일을 할 수는 있겠지만, 한계가 있음을 알려주었다. 그리고 본인들이 새로 짓고자 하는 건물의 모습이 담긴 설계도를 보여주었다. 자신들이 주위 땅을 매입해서 어떤 모습의 건물을 지으려고 하는지 조감도를 보여주었다. 처음에는 이들이 왜 나에게 이런 이야기를 하는지 의아했다. 오히려 매수자가 주위의 땅을 사고 있다고 알리면, 매도자 입장에서는 소위 말하는 '알박기'를 고려하게 될 테니 협상에 불리한 게 아닐까 생각이 들었다. 실제로도 나는 꽤 높은 가격에서 협상을 하기 시작했다.

시간이 좀 흐른 뒤, 내가 경험한 일화를 가지고 다른 부동산 업계 관계자들과 이야기를 나누다 보니, 일본의 재개발에는 한국인인 내가 생각하는 재개발과 다른 점이 있음을 알게 되었다.

우선 일본에서도 건물을 팔아달라고 연락할 때 돈을 앞세운다. 지금 시세보다 더 많이 쳐줄 테니 부동산을 팔라고 설득한다. 물론 투자자에게 수익은 가장 중요한 기준이다.

하지만 일본인들은 오로지 '돈'만이 중요한 기준이라고 생각하지 않는다고 한다. 일본인들은 자신이 가지고 있는 땅과 건물에 어떠한 '가치'를 부여해주길 바란다고 한다. 바로 '내가 가진 공간을 얼마나 더 효율적으로, 더 멋지게 바꿀 수 있을까'에 대한 고민이다. 단순히 돈이 많아서 땅을 사고, 큰 건물을 짓고, 비싸게 분양해서 돈을 많이 버는 모습이 부각되기를 원치 않는다. 부동산은 단지 땅과 건물만이 아니라, 그 안에 담긴 가능성과 의미까지 함께 바꾸어 나갈 수 있는 자산이라는 접근이다. 수익뿐 아니라, 그 변화의 과정에서도 의미를 부여하는 것이 일본인이다.

아자부다이힐즈 사례에서 드러나는 땅의 가치

이를 단적으로 드러내는 일례로, 아자부다이힐즈라는 거대한 도시 재개발 프로젝트를 살펴보자. 도쿄 미나토구 한복판에서 수십 년간 개발이 멈춰 있었던 지역에 현대적인 마천루와 공원, 미술관, 국제학교, 고급 주거단지가 공존하는 복합도시가 들어섰다. 개발 주체는 일본의 대표적인 민간 디벨로퍼, 모리빌딩이었다.

이는 단순한 자본의 힘으로 밀어붙인 프로젝트가 아니었다. 오히려 그 반대였다. 모리빌딩은 아자부 지구 일대의 개발을 위해 무려 30년에 걸쳐 약 300명에 이르는 토지 소유주들을 한 사람씩 만나 설득했다고 한다. 그 과정에서 직원들은 수없이 주민들을 찾아가 이야기를 나눴는데, 단순히 '이만큼 드릴 테니 넘겨달라'는 식의 거래가 아니었다.

그들은 청사진을 보여줬다고 한다. 미래의 모습, 이 지역이 어떤 공간으로 탈바꿈할지에 대한 그림을 그려 보였고, 그 속에서 기존 주민들이 어떤 역할과 가치를 가질 수 있을지를 함께 고민했다. 학교가 들어서고, 공원이 생기고, 지역 상권이 살아나고, 국제적인 커뮤니티가 생겨나는 도시의 모습을 보여주며, 그 공간 안에 기존 소유주의 삶도 함께 그려 넣었다. 그 결과, 이 프로젝트는 단순한 '재개발'이 아닌 '도시의 재탄생'으로 불릴 수 있는 특별한 사례가 되었다.

나도 실제로 비슷한 경험을 겪으며 생각했다. 부동산 거래에서 단순히 '얼마 벌었는가'만 중요한 게 아니라, 어떤 가치를 더하고, 어떻게 더 나은 공간을 만드는가 역시 중요하다는 점을 말이다. 그리고 이런 경험은 분명 투자자의 삶을 살아가는 나에게도 제일 큰 자산이 되리라고 느꼈다.

가격 협상의 기준은 '투자의 다음'

나는 내 건물을 얼마에 팔 수 있을까? 적정 가격이 얼마일지 가늠이 잘되지 않았다. 만일 '알박기'에 목표가 있었다면 계속해서 시간을 끌고 금액을 더 요구할 수도 있는 일이었다. 하지만 처음 겪어보는 협상 앞에서 얼마까지, 언제까지 가능할지에 대한 감이 없었다. 이러다가 자칫 일을 거스를 수도 있지 않을까? 그래서 나는 몇 차례 협상을 하는 와중에, 다시금 원점으로 돌아와 검토했다. 단순하게 '더 많이'가 아니라, '내가 얼마가 필요한지'에 초점을 맞추었다.

내가 필요한 금액은 '많으면 많을수록' 좋기는 했지만, 정확한 대답이 아니라는 생각이 들었다. 나는 한국에서 만일의 문제가 발생하였을 때 대비할 수 있는 현금이 필요했다. 그리고 여기에 조금 더 여유분이 있으면 좋겠다. 그 금액은 예비금의 20% 정도로 생각했다. 또한 나는 일본에서 수익형 투자를 이어나가고 싶었기 때문에 처분 후 현금을 나누더라도 남은 금액으로도 다른 건물을 매입할 수 있는 정도의 금액이기를 원했다. 이것은 적어도 내가 처음 투자하였던 금액인 5,000만 엔은 넘어야 했다. 부동산 상승장이 계속되던 때였기 때문에, 사실 5,000만 엔 투자금으로도 새 건물을 매입하기란 만만치 않았다.

나는 최종적으로 150%의 수익으로 협상을 마무리했다. 정확히 말하자면 2억 1,500만 엔에 건물을 팔았다. 내가 2019년에 이 건물을 1억 4,000만 엔에 매입했으니, 시세차익만으로 7,500만 엔(세전)이었다. 그동안 대출의 원금을 갚았던 금액, 월세를 받았던 금액 등을 합쳐 총수익을 엄격하게 따지자면 9,500만 엔(세전) 정도 되었다. 환율을 그때그때 적용한다면 정확한 금액은 달라지겠지만, 한화로는 대략 9억 원 정도 되는 금액이다. 단기간에 큰 수익을 올렸다. 성공적으로 매각했다고 생각한다.

좋은 부동산은 남들이 먼저 팔아달라 찾아온다

부동산을 매입할 때는 이 자산과 한평생 함께할지도 모른다는 각오로 접근해야 한다. 실제로도 그런 마음으로 선택해야 좋은 부동산을 고를 수 있다. 하지만 시간이 지나 다시 생각해보면, 정말 좋은 부동산이란 결국 남들이 먼저 좋아하고 팔아달라고 찾아오는 부동산이다. 한평생 보유할 만한 가치를 지닌 부동산이라면 곧 시장에서 꾸준히 주목받고, 언제든 매수자가 나타나는 자산이라는 뜻이기도 하다. 결국 좋은 부동산을 사는 일은 사람들이 끊임없이 탐내는 부동산을 선점하는 일이 된다.

언젠가 누군가에게 팔릴 수 있는 땅, 그중에서도 디벨로퍼가 선호할 만한 자산을 미리 선점해두는 일은 중요하다. 그것이 결국 가장 안정적이고 자연스러운 매각 전략이라고 생각한다. 매각은 우연히 성사되는 일이 아니다. 시장에서 환영받는 자산이 되기 위해서는 애초에 매입 단계부터 설계가 달라야 한다. 나는 건물의 외관과 구조, 관리 상태는 물론이고, 건물이 위치한 땅의 용도지역과 위치를 중시했다.

그리고 무엇보다 디벨로퍼와 상관없이 임대수익의 흐름과 공실 리스크까지 감안해 최대한 매력적인 자산으로도 만들어 두려 했다. 만약 디벨로퍼가 내 건물에 관심을 보이지 않더라도, 내가 직접 허물고 새로 짓는 선택을 했을 때도 충분히 수익이 남을 수 있는 구조여야 했다. 즉 누군가에게 매각되든, 내가 다시 개발하든. 어떤 방향으로든 '이길 수 있는 구조'를 미리 계산한 선택이었다.

매각을 통해 내가 찾은 새로운 목표

그렇게 3년이라는 시간이 흐른 어느 날, 처음 내게 그 건물을 팔 생각이 있느냐고 물어온 메일 한 통이 도착했다. 우연처럼 보였지만, 사실은 그 순간을 위해 내가 쌓아온 시간들이었다. 내가 매입했을 당시와 비교해 시세는 뚜렷하게 올라 있었다. 지금 돌아보면, 그 모든 선택은 결국 미래의 협상 테이블을 위한 투자였던 셈이다. 준비된 자산만이 좋은 조건으로 떠날 수 있다.

나는 이 일을 통해 또 다른 목표가 생겼다. 단순한 임대수익을 추구하는 소극적인 임대인에서 벗어나고 싶어졌다. 내가 가진 작은 건물 한 채라도 그 안에서 새로운 의미를 담고, 나만의 철학을 담은 공간으로 재해석하고 싶다. 임대인이면서도 동시에 기획자이자 설계자이고 싶은 마음이 생겨났다.

투자란 결국 자기 자신을 조금씩 확장해 나가는 과정이다. 나는 이제 '무엇을 위해 투자하는가'에 대해 스스로 질문을 던지게 되었다. 이렇게 나는 조금씩 그리고 분명히 투자자로서 성장하고 있다.

두 번째 투자를 향한 새로운 시선

매물 기준을
다시 세우다

건물을 매각해서 돈을 많이 벌었다! 그 자체만으로 신나는 순간도 잠시, 다른 고민은 바로 생겨났다. 분명한 다음 스텝이 존재했다. 다음 투자로 어떤 부동산을 사야 하는가?

당시에 여러 옵션이 있었다. 한국 부동산 하락장에서 급매물 매입하기, 일본에서 다시 수익형 부동산 매입하기, 한창 인기 있는 타워맨션이나 고급맨션 매입하기 등등. 어느 투자든 할 수 있었다. 하지만 이 시점에서 내 기준에 맞는 투자처를 찾는 일은 중요했다.

부동산을 투자하려고 할 때 많은 선택지가 주어진다. 시세차익이냐, 임대수익이냐? 주택이냐, 상업용이냐? 여기에 한국이냐,

일본이냐?까지 더해진다. 많은 사람에게 왜 부동산 투자를 하냐 물어본다면 '돈 많이 벌고 싶어서'라는 답변이 온다. 하지만 이 답변은 틀렸다. 정확히 어떻게, 얼마나 돈을 벌고 싶은지에 대해 생각해봐야 제대로 된 답이 나온다.

여기에는 내가 가진 현금과 함께 내 상황도 함께 맞물려 있다. 전 재산이 3억 원인 사람과 여윳돈이 3억 원이 더 있는 사람은 투자처가 다르다. 나 역시 똑같았다. 한국 아파트를 남겨둔 채 다음 스텝을 고민하는 시점에서 어떤 투자처여야 하는가? 게다가 엄청난 변화에 진입하고 있는 한국 부동산을 어떻게 대응해야 하나? 현금을 나누어야 할까? 그렇다면 엔과 원의 비중은 어떻게 할까? 등등.

일본에서 새로운 투자처를 찾기 시작하다

나는 우선 현금의 일부를 한국으로 들여왔고, 일부를 일본에 남겨두었다. 그리고 한국에서는 현금을 보유하고 대기하기로 결정했다. 위험 대비를 위한 예비 자금이었다. 그리고 일본에서는 새 투자처를 찾기로 결정했다. 그리고 새 투자처는 수익형 부동산이었다.

짧은 기간 동안 몇천만 엔 단위로 뛰고 있는 타워맨션이 탐나지 않았다고 할 순 없다. 사실 수익만 바라본다면 타워맨션에 진입하는 투자가 옳은 결정일지도 몰랐다. 하지만 나는 이번에 일본에서 건물을 매매하면서 느낀 바가 있지 않았나. 나는 '나만의 건물'을 갖고, 공간에 의미를 담고 싶어졌다. 나는 그 목표에 부합하는 물건을 찾아 나서고자 했다.

2019년에 처음 일본 부동산을 매수할 때만 하더라도, 많은 사람이 나를 말렸다. 비단 한국에서만은 아니었다. 심지어 일본 부동산 업계 관계자들조차 '지금은 도쿄 올림픽 개최 기대감 때문에 비싸니까 조금 기다려보라'는 조언을 건넸다. 하지만 그들의 생각은 틀렸다. 꿈틀거리던 일본 부동산 시장은 계속해서 올랐다. 그리고 코로나19가 끝나고 나서부터 엄청난 기세로 오르기 시작했으니 말이다.

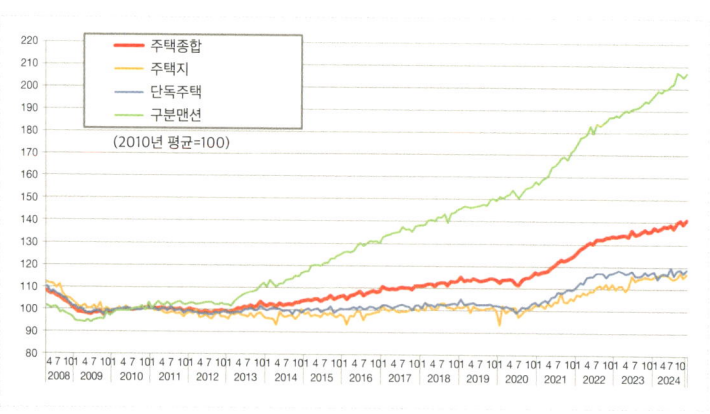

자료 24 맨션 가격 추이(연두색)

〈출처 : 국토교통성 부동산 가격 지수〉

2022년에 이르러서는 상승폭이 더욱 확대되기 시작했다. 특히나 사람들이 거주하는 주택, 그중에서도 맨션의 활약은 두드러졌다. 일본에서도 신축 맨션과 중고 맨션을 나누어서 그 경향을 살피는데, 한국과 비슷하게 신축이 그 선장 역할을 해서, 시세 흐름의 맨 앞에 서서 물꼬를 튼다. 그러니 신축 맨션의 가격이 어디로 가고 있는지는 초미의 관심사다.

신축 맨션은 수요가 계속되는데, 자재비 상승과 공급 제약 등의 요인이 겹치면서 실질적인 분양가가 더 빠르게 올랐다. 이러한 흐름은 2023년에 정점을 찍어 수도권의 신축 맨션 평균 분양가는 1억 4,360만 엔이 되었다. 사상 처음으로 1억 엔을 넘기게 되었다. 신조어도 탄생했다. '억션(億ション)'이다. 우리나라 단어로 친다면 '10억 아파트' 정도가 되지 않을까 싶다. 일본에서도 억션이 나타나면서 사람들을 놀라게 했고, 일본 부동산 시장이 다시 시세차익의 무대로 회귀하고 있다는 강력한 신호를 주었다.

상승장에서는 재빠르게 발로 뛰어야 한다

이렇게 부동산이 여러 방면에서 훈풍이 돌고 있고, 심지어 강력한 태풍으로 나타나 모든 가격을 가파르게 올려보낼 때의 문제는 나도 그 가격 흐름을 추격해야 한다는 점이었다. 나도 내 건물을 비싸게 팔아서 기분이 좋았지만, 다시 사려고 보니 다른 곳도 전부 비싸져 있었다! 이제 일본에서도 억션 등의 등장으로, 매도자들은 부동산 열풍을 알아챘고, 자기가 가진 부동산을 내놓지 않거나 가격을 점점 더 올렸다.

실제로도 시장에 매물이 나왔다고 해서 자료를 받고, 신중하게 생각해서 임장을 가겠다고 마음을 먹고 알려주면, 금세 팔렸다는 답변이 돌아왔다. 비슷한 일을 여러 차례 겪으니 상황이 2019년과는 완전히 달라져 있음을 깨달았다. 이전처럼 느긋하게 매물을 심사숙고할 때가 아니었다. 이제야말로 재빠르게 발로 뛰어야 하는 때가 되어 있었다!

이렇게 가격이 비싸지고 완전한 매도자 우위 시장이 되어버린 이때, 월세를 안정적으로 받을 수 있으면서 한편으로는 시세차익도 날 수 있으면 좋고… 여기에 나는 내가 목표로 하는 나만의 건물을 찾아야 한다니? 한편으로는 막막했다. 지나치게 이상만을 쫓고 있는 게 아닐까 생각했다.

나는 당시에 일본 부동산 투자 컨설팅을 하면서 여러 예비 투자자를 만나고 있었다. 사람들한테 '월세도 받을 수 있고, 시세차익도 나야 하고, 건물도 문제없어야 하고…' 와 같은 희망 조건을 종종 들을 수 있었다. 내가 그런 팔방미인 건물은 10억 엔이 넘어가면 있을 것이라고 말하며, 서로 하하호호 웃었던 기억이 났다. 그만큼 현실적이지 못하다는 이야기였는데 막상 현금을 손에 쥔 채 새 부동산을 산다고 생각하고 있으니, 나도 똑같았다. 나도 이것도 좋아야 하고, 저것도 좋아야 하고, 다 좋은 건물을 가지려고 하는 욕심이 계속 커지고 있었다.

이 시점에서 나는 내 투자 기준을 다시 정리해 보기로 했다. 예전에 일본 부동산에 처음 뛰어들 때 정했던 기준은 이랬다.

> **Old**
> ① 도쿄 주요 입지(가능하면 도쿄 5구의 수익형 매물)
> ② 준공년도는 1987년 이후
> ③ 현금 예산은 5,000만 엔 전후

그리고 다시 내가 정리한 매물의 기준이다. 이전과는 조금 달라져 있었다.

> **New**
> ① 도쿄 23구 내 역세권 입지 (도보 3~5분 내)
> ② 표면 수익률 5% 이상
> ③ 5년 이상 지나고, 새롭게 만들 수 있는 가능성이 있는 물건
> ④ 현금 예산은 7,000만 엔 전후

첫 번째 조건으로 더 이상 도쿄 5구를 고집하지 않았다. 2019년 당시만 하더라도 '가장 안정적으로 오를 수 있는 제일 좋은 입

지'를 생각했다. 내가 찾은 답은 비싼 땅이었다. 한국의 '강남 3구'는 곧 일본의 '도쿄 5구'다. 미나토구, 치요다구, 주오구, 신주쿠구, 시부야구. 이렇게 5개 구만을 고집했다.

그러나 몇 년간 지켜봐온 일본 부동산은 비싼 땅이 꼭 안정적인 투자를 뜻하지 않음을 깨달았다. 충분히 안정적이면서도 잠재력이 숨겨져 있는 다른 지역은 분명히 있었다! 이는 순전히 임대수익을 기반으로 하는 수익형 부동산 시장이 자리잡혀 있는 덕분이다. 안정적인 입지는 도쿄 5구가 아니더라도 많이 있음을 깨달았으니, 나는 새로운 부동산 입지를 찾아나서기로 했다.

나는 표면 수익률 5%를 지키기를 원했는데, 이 역시 수익형 부동산을 운영하면서 지켜야 할 최소한이었다. 일본 부동산 투자를 하다 보니 생각보다 유지 비용이 많이 든다는 사실을 알게 되었다. 처음에는 단순하게 매월 관리회사 수수료, 법인 기장비 등과 같은 비용만 생각했다. 그런데 실제로 들어가는 비용은 의외로 예상하지 못했던 항목이 더 있었다. 수선비, 수리비, 여러 서류를 보내고 받으면서 드는 실비, 인지세와 같은 행정 비용 등이었다. 이 외에도 임차인을 새로 들일 때, 임대 계약을 연장할 때 관리회사에 내야 할 수수료도 따로 있었고, 보험료나 원천세 같은 비용도 정기적으로 발생했다.

이런 이유로 수익률이 최소 4.5%가 맞춰지지 않는다면 현금 흐름이 구멍 나버릴 수 있는 위험이 있다. 그래서 나는 안정적으로 최소 5%의 규정을 세웠다. 이 또한 안전한 수치는 아니지만, 나는 월세를 올리는 작업에 성공했던 경험이 있었기 때문에, 다음 건물도 같은 생각을 했다. 지금은 비싸고, 임대수익이 많지 않더라도 최소한을 지킨다. 그리고 나는 월세를 올린다!

다음 조건이 문제였다. '5년 이상 흐른 후, 새롭게 만들 가능성이 있는 물건'. 내 머릿속에 있는 조건이긴 했지만, 스스로도 잘 알지 못하는 기준이었다. 이 조건을 누구에게든 말해보면 추상적으로 들린다고 했다. '가능성? 그래서 결국 그게 뭔데?' 문제는 나 역시 이 조건을 구체화할 수 없다는 것이다. 하지만 명확한 목표는 있었다. 나는 '나만의 건물'을 사고자 했다. 그것은 말할 수 있었다. 그래서 '나만의 건물'이 무언지 찾아나서야 했다.

예전에는 정론을 따졌다. 누구나 맞다고 하는 말, 이론적으로 타당한 기준을 기준 삼았다. 하지만 지금은 조금 다르다. 이제는 실질적이고, 나에게 맞는 해답을 찾아 나서야 했다. 내 돈, 내 시간, 내 리스크를 감당하는 건 나 자신이다.

현장에서 느낀 변화, 관광업의 활기

간만의 도쿄행이었다. 첫 번째 건물을 팔고 나서부터는 특히 도쿄에 갈 일이 많지 않았다. 그 무렵 나는 첫 책을 내고 나서 인터뷰 요청을 받거나, 일본 부동산 투자에 관한 강의를 하고, 예비 투자자들과 상담을 조금씩 해나가고 있었다. 도쿄를 찾는 이유도 내 건물이나 임대 관리 때문이라기보다는 카페 회원들과 현장을 함께 둘러보는 임장을 하거나, 협력 업체와 미팅을 하는 등의 일이 대부분이었다.

현장에서 계속 배우고 경험을 쌓아가면서 틈틈이 매입 후보 매물도 살펴보고 다녔다. 하지만 역시나 마음에 드는 물건은 잘 나타나지 않았다. 그럴 수밖에 없었다. 내가 가진 3번째 조건, '나만의 건물'이 스스로도 무언지 제대로 알지 못했기 때문에 더욱 눈앞이 흐릿한 느낌이었다.

일정 중 하루는 급한 미팅이 끼어서 도심부를 택시를 타고 이동해야 했다. 사실 도쿄는 서울만큼이나 전철과 지하철이 잘 되어 있기 때문에 굳이 택시를 탈 이유는 없다. 오히려 택시를 타면 더 밀리기도 하고 말이다. 하지만 그날따라 전철 루트가 좋지 못했다. 여러 번 갈아타야 했고, 갈아타는 곳은 역 간 간격이 꽤 멀리 떨어져 있어서 오래 걸어야 했다. 택시를 타는 편이 더 효율적이었다.

그래서 간만에 택시를 타고 바깥을 구경하면서 이동을 했다. 나는 그동안 임장을 가든, 외부 일정을 가든 항상 지하철을 탔고 그 안에서 사람들을 바라보고 장소를 돌아다녔다. 특히 임장할 때에는 지하철역에서 내린 후부터 매물지까지의 거리가 내가 바라보는 도쿄였다.

그런데 도로 위에서 바라보는 도쿄는 조금 달라 보였다. 신주쿠 한복판을 지나, 야스쿠니 신사 앞을 지나쳤다. 광활한 황궁을 지나서, 스미다강을 건넜다. 스모 경기장으로 유명한 료고쿠 국기관을 지나 목적지에 도착했다. 구글 지도에서는 약 10km, 35분을 알려주었다. 하지만 실제로 도착한 시각은 거의 50분이 넘게 흘러 있었다. 왜였을까? 차가 꽤 많이 밀렸기 때문이었다. 그리고 밀리는 도로 중간중간에서 볼 수 있었던 풍경은 엄청난 인파의 사람들로 가득 차 있었다.

관광지에 가까워질수록 거리를 걷는 사람 중 일본인은 열에 서넛 정도밖에 보이지 않았다. 나머지 대부분은 외국인 관광객이었다. 그러고 보니 2023년 이후 하늘길이 다시 열리면서 일본을 찾는 외국인 관광객 수가 급격히 늘었다는 기사를 본 기억이 떠올랐다. 일본은 코로나19 직전까지도 외국인 관광객 수가 매년 최고치를 경신하고 있었고, 당시 발표로는 팬데믹 이전 수준의 약 70%까지 회복했다고 한다. 그런데도 이 정도의 인파라면, 만약 관광 수치가 예전 최고치를 넘어선다면 그 풍경은 얼마나 더 달라지게 될까?

현장에서 관광업의 활기를 확인하다

일정을 끝내고 한국에 돌아왔다. 나는 평소와 다름없이 관심 있는 기사나 자료도 읽고, 할 일을 하고 있었다. 그러다가 흐릿해진 무언가가 조금씩 또렷해진다는 기분이 들었다. 그때 나는 일본 관광업에 대해 확신이 들기 시작했다. 일본을 방문하는 외국인 관광객은 곧 최고 수치를 뛰어넘을 것이다. 유럽을 방문한다면 '파리'에 들르듯, 아시아를 방문한다면 '도쿄'에 들를 것이다. 일본의 각종 산업에서 앞으로 발전 가능성이 무궁무진한 곳은 관광이다.

일본의 관광업에 대해서 더 알아보기 시작했다. 객관적인 자료를 찾는 조사부터 여러 전문가의 의견을 듣기까지. 내가 생각한 관광업의 미래가 실제로도 그럴지, 이를 뒷받침하는 근거를 최대한 많이 찾고 싶었다.

2022년 하반기, 일본의 코로나19 국경 통제 완화를 기점으로 관광객의 복귀 속도가 놀랍게 빨라지기 시작했다. 2022년 연간 방문자 수는 약 380만 명으로, 전례 없는 회복세를 보였다. 이어 2023년에는 약 2,500만 명이 일본을 찾으며 팬데믹 이전인 2019년 수준의 80%를 회복했다. 2023년 3월이 되자 2019년 동기간 대비 65.8% 증가라는 폭발적인 증가세가 나타났고, 곧이어 2024년에는 무려 3,687만 명으로 역대 최고치를 경신했다.

여기에 관광객 소비도 빠르게 회복했는데, 2023년에는 5조 엔 이상이 일본 내에서 지출되었고 2024년에는 8.1조 엔 규모에 도달했다. 방문자의 지출이 함께 증가하고 있다는 점이 무엇보다 중요했다. 일본 정부 관광국(JNTO)의 발표에 따르면 2024년 이후 방일 외국인 관광객 1인당 평균 소비 금액은 꾸준히 증가하고 있으며, 특히 숙박이나 체험 등 체류형 소비가 큰 폭으로 늘고 있다. 단순히 들렀다 가는 관광이 아니라, 일본이라는 공간 안에서 더 깊이 체험하고 머무는 여행으로 수요가 이동하고 있다는 뜻이었다.

표 25   일본 관광 지표 추이

	외국인 관광객 지출 (일본에서 소비한 금액)	외국인 관광객 수
2019년	4조 8천억 엔	3,188만 명
2023년	5조 3천억 엔	2,507만 명
2024년	8조 1천억 엔	3,687만 명

〈출처 : nippon.com 및 일본 정부 관광국 웹사이트〉

여기에 야간 관광을 활성화하겠다는 계획도 내놨다. 스미다강의 유람선, 메구로강의 야간 벚꽃놀이, 도쿄타워가 보이는 야경 명소 그리고 더 많은 밤 문화를 개발한다고 한다. 무엇보다 도쿄 주요 관광지뿐 아니라 지방 곳곳에서도 인프라 정비와 관광 자원 개발에 힘을 쏟고 있다는 점은 일본 정부의 의지를 보여주는 부분이기도 했다. 공항이나 주요 역 주변의 상업시설 개발, 호텔 체인 유치, 유휴시설의 문화 공간 전환 등은 단기적 수익보다 지속 가능한 지역 활성화를 목표로 했다. 나는 이 변화의 흐름이 단순한 '일시적 반등'이 아니라, 구조적인 회복이자 전환일지도 모른다고 느꼈다.

무조건 긍정적으로 바라보기는 금물

물론 부정적인 시선도 존재했다. 팬데믹이라는 감염병 상황은 언제든지 다시 찾아올 수 있고, 실제로 전문가들은 향후 신종 바이러스 발생 빈도가 과거보다 높아질 수 있다는 경고를 이어가고 있었다. 국제기구와 보건당국은 기후변화, 도시 밀집화, 생태계 파괴 등의 이유로 인해 팬데믹의 위험이 상시화될 수 있다고 경고해왔다. 그런 점에서 지금의 관광 회복세 역시 언제든지 꺾일 수 있는 불안정한 반등일 뿐이라는 의견도 있었다.

또한 현재의 관광 수요는 정상 회복이라기보다는 코로나19 시기의 억눌렸던 욕망이 한꺼번에 분출된 결과, 일명 '보복 소비' 또는 '보복 여행'일 뿐이라는 분석도 있었다. 실제로 2023~2024년 방일 외국인 급증은 일본뿐만 아니라 세계 여러 나라에서도 나타난 글로벌 공통 현상이었다. 이 때문에 일각에서는 '지금은 반짝 특수일 뿐, 머지않아 일상으로 회귀하면 다시 관광업도 조정될 수 있다'는 경고의 목소리도 나왔다.

이처럼 나는 관광업 회복이라는 흐름 속에서 양쪽의 의견을 모두 참고하려고 노력했다. 첫째, 단기적 수요에만 기대어 판단하지 말자. 둘째, 구조적인 변화가 지속 가능한지 확인하자. 두 가지를 스스로의 기준으로 삼았다. 그리고 그런 점에서 일본 정부와 각 지역이 보여주는 정책 방향과 인프라 투자, 관광 소비의 질적 변화는 단순한 반짝 반등을 넘어선 신호처럼 느껴졌다.

하지만 코에 걸면 코걸이, 귀에 걸면 귀걸이라고 했던가. 어쩔 수 없이 나는 나에게 유리한 정보만 찾아보게 되었다. '나만의 건물'이 눈에 띄기 시작한 걸까? 이번에도 나의 감에 의존해서 나만의 믿음이 자꾸 피어났다. 제일 경계해야 하는 부분임을 잘 알고 있지만, 객관화가 쉽지 않았다. 다음과 같이 매물 조건을 바꾸었다. 3번 항목을 더 보완한 내용이다.

> **Plus**
> ① 도쿄 23구의 역세권 입지 (도보 3~5분 내)
> ② 표면 수익률 5% 이상
> ③ 도쿄의 주요 관광지와 근접한, 혹은 관광 수요를 소화할 수 있는 곳의 입지
> ④ 현금 예산은 7,000만 엔 전후

5년 이상의 시간이 흐르고, 무언가를 새롭게 바꿀 수 있는 흐름으로 나는 관광을 선택했다. 관광지로 인기가 많은 어떤 장소, 관광하는 사람들이 원하는 어떤 공간, 관광객들이 꼭 필요로 하는 욕망을 채워주는 부동산. 관광객들을 상대로 해서 나만의 건물을 만들어서 펼쳐나갈 수 있다고 생각했다.

관광객들이 좋아하는 '스시'가 유명한 가게를 임차인으로 둔 건물, 유명한 어떤 관광지에서 바로 보이는 위치의 건물, 나중에 호텔로 변모할 수 있는 건물, 관광객들이 어떠한 체험을 하면서 들릴 수 있는 건물. 스케일이 큰 프로젝트부터 소소하게 시작할 수 있는 이벤트까지 공간을 자유롭게 구성하고 변경할 수 있다

면 좋을 것 같았다.

'일단, 이런 건물이 있을까?'

흐릿해졌던 눈앞이 '관광'이라는 키워드로 조금 또렷해졌다. 하지만 여전히 정확히는 모르겠다. 그리고 지금도 고백하자면, 사실 100%의 확신은 아니다. 또한 관광업의 변화를 보면서 비슷한 생각을 떠올린 투자자가 나만은 아닐 터였다. 일단 물건 찾기가 관건이었다.

새롭게 눈에 들어온 상업빌딩

 상업빌딩이라는 단어는 왠지 모르게 거창한 느낌이 든다. '광화문에 있는 몇천억 원대의 상업빌딩'처럼 경제 기사에서 일반인의 손에 닿을 수 없는 금액대로 주로 등장하기 때문일지도 모른다. 하지만 정확히 말하자면 10억 원대의 작은 상업용, 업무용 빌딩도 상업빌딩에 해당한다. 특히 우리나라에서 한창 유행했던 투자 키워드인 꼬마빌딩을 떠올리면 쉽다.

 꼬마빌딩이라는 단어에 정확한 정의는 없지만, 통상 연면적 300평 미만이면서 5개 층 이하인 작은 건물을 일컫고, 가격대는 주로 50억 원 이하를 형성한다고 여겨진다. 우리나라에서 꼬마빌딩이 유행했던 이유는 앞서 설명했듯이 단연코 '주택 수에서 제외되는 투자처'이면서 일반적인 아파트나 대형 빌딩보다 가격이 저렴하고 수익률이 좋다는 장점 때문이다.

새로 매입할 물건의 조건을 다시 정하고 나서 부동산 회사 담당자에게 내용을 보냈다. 내가 조금 더 조건을 좁혀준 점은 환영할 일이긴 하지만, 좋은 물건이 언제 나올지는 장담할 수 없다고 했다. 당연한 이야기였고, 예상했던 내용이었다. 실망은 꽤 오랫동안 많이 했기 때문에 괜찮았다. 언제든 내 맘에 드는 물건이 나타나주기만 한다면, 나는 살 수 있었다. 바로 현금의 위력이었다.

그렇다고 해서 마음이 조급하지 않았다고 할 순 없었다. 첫 번째 건물을 팔고, 내가 원하는 매물 조건을 정하고, 여러 활동을 하면서 생각보다 꽤 오랜 시간이 지체되었기 때문이다. 일본 부동산 시장은 본격적인 상승장에 들어서 있었고, 가격은 계속해서 치솟고 있었다. 돈은 결코 플레이어의 사정을 봐주지 않는다. 망설인 것도, 아쉬워한 것도 결국 나뿐이다. 돈은 내 손을 비껴간 채, 제 갈 길을 가며 점점 더 멀어지고 있었다.

이럴 때일수록 마음을 조금 차분히 해야 했다. 2020년에서 2022년까지 서울에서 추격 매수를 하다가 피를 흘린 기록을 생각하면 더욱 그랬다. 이번은 좀 더 신중하게, 하지만 마음을 굳힌 만큼 행동은 빠르게 해야 했다.

이제는 7,000만 엔으로 도쿄 도심부를 도전하기에는 어려웠다. 도심부에 있는 물건에는 하자가 있거나 한계가 있는 경우가 많았다. 하지만 나는 이전처럼 도쿄 5구를 고집하지 않았다. 조금 더 숨통이 트였다.

업자로부터 많은 매물을 소개받았다. 놀랍게도 그중에는 꽤 익숙한 동네도 많았다. 이전엔 막연하게만 느껴졌던 거리명이나 역 이름이 이제는 낯설지 않았고, 몇 번이고 직접 찾아가 봤던 현장도 있어서 검토가 한결 수월했다. 그동안 꾸준히 보고, 걷고, 살펴본 경험이 쌓였음을 새삼 느꼈다. 무엇보다 이제는 나 혼자만의 임장이 아니었다! 내 매물을 알아보러 갈 뿐 아니라, 나를 통해 부동산 투자를 고민하고 함께 결정하는 분들과 동행하는 임장도 계속 이어지고 있었다.

덕분에 시장에 나온 여러 매물을 한 번에 비교하고, 함께 검토하며 의견을 나눌 수 있었다. 그래서 비용 면에서도 절약할 수 있었다. 관광 수요가 늘면서 항공권 가격이 눈에 띄게 올랐지만, 한 번의 방문으로 여러 목적을 함께 소화할 수 있었기에 비행기 삯도 꽤 아낄 수 있었다. 여러모로 효율적인 움직임이었다.

원룸으로만 구성된 일동맨션은 수익률이 높다. 작은 땅에 많은 호실을 만들었으니, 그만큼 월세 수입도 클 수밖에 없다. 그런데 매물을 검토하면서 깨달았다. 내가 원하는 건물의 3번 조건을 생각한다면, 나는 더 이상 주거용 건물을 고집해서는 안 된다는 점을 말이다.

원룸으로 된 건물의 용도는 한정적이다. 물론 나중에 관광객

숙박용의 에어비앤비 건물로 변신할 가능성은 있다. 하지만 최소 8개가 넘어가는 호실을 모두 명도하는 일은 현실적으로 무리였다. 모두 명도한다고 해도, 꽤 오랜 시간이 걸리는 일이었다. 아예 공실로 된 건물을 사지 않는 이상, 원룸으로 된 건물을 매입해서 '관광객 수요'를 맞추는 건물로 변신시키기는 쉽지 않은 미션이었다.

새로운 형태의 부동산이 눈에 들어오다

그렇다면 첫 번째 가지고 있었던 건물과 같이 상가주택의 형태는 어떨까? 아주 좋은 선택지였다. 아래층에는 상가나 사무실로 사용하면서 관광 수요에 맞는 임차인을 구성하고, 위층에는 사람이 거주하는 주택뿐 아니라 숙박용 에어비앤비를 차릴 수도 있는 일이었다. 역시나 상가와 주택으로 이루어진 일동맨션은 일반적인 투자자에게도, 특정 목적이 있는 투자자에게도 적합한 건물이라는 생각이 들었다.

다음 후보는 상업빌딩이었다. 잘은 모르겠지만, 무언가 위압감이 들던 바로 그 단어였다. 내가 가진 한정된 예산으로도 상업빌딩을 살 수 있을까? 꼬마빌딩을 넘은 '꼬꼬마빌딩'일까 생각했다. 생각이 꼬리에 꼬리를 물던 와중에 오히려 이런 꼬꼬마빌딩이야말로 내 목적에 부합할 수 있겠다는 결론에 다다르기 시작했다. 일단 상업용과 사무용으로만 되어 있는 건물은 사람이 살아가는 주택에서 할 수 없는 일을 할 수 있다.

예를 들어, 관광지 한복판에 있는 건물이라면 매일 다른 사람이 오가는 구조가 오히려 자연스럽다. 게스트 하우스, 공유 오피스, 팝업 스토어, 단기 임대형 상업 공간 등은 주거용 건물에서는 구현하기 어렵거나 법적으로 제한을 받는다. 상업빌딩은 본래 그런 흐름을 전제로 만들어진 공간이다. 특히 관광지 주변은 고정된 세입자보다도 유동인구를 대상으로 한 비즈니스가 훨씬 활기를 띤다. 주택이 '머무는 공간'이라면 상업빌딩은 '움직이는 사람들을 위한 공간'이다. 어떤 시간대에는 카페가 잘 되고, 어떤 시기에는 숙박이 가능하며, 또 다른 시기에는 팝업 매장, 전시 공간, 작업 공간으로도 활용이 가능하다. 공간의 유연성, 바로 이 점이 상업빌딩이 주택과 가장 크게 다른 점이다.

또한 상가는 업종별로 필요한 면적이 제각기 다르다. 김밥집이라면 10평, 편의점이라면 20평, 스타벅스라면 70평이 필요하듯이 말이다. 그러니 아주 작은 꼬꼬마빌딩이어도 그 면적에 맞는 임차인을 구할 수만 있다면 오히려 다른 동일 면적의 부동산보다 더 유리하다. 상가빌딩을 선택하는 기준이 여러 가지가 있지만, 면적만이 전부가 아니다. 오히려 임차인이 좋아할, 소비자가 충분히 올 수 있는 좋은 입지를 따지는 것이 더 중요하다.

그동안 나는 한국에서 '좋은 동네'란 어떤 곳인지 고민하고 투자해왔다. 초등학교를 포함하는 학군, 역세권, 재개발 가능성, 생활 인프라 등은 모두 거주자를 위한 조건이다. 그런데 일본에서 두 번째 건물을 찾을 때 나는 전혀 다른 기준을 갖게 되었다. '살기 좋은 곳'이 아니라 '사람이 몰리는 곳', '자주 바뀌는 곳', '지루하지 않은 곳' 말이다. 상업빌딩은 고정된 거주가 아니라 끊임없이 흘러가는 사람들, 흘러가는 소비와 수요에 반응하는 공간이다. 내가 찾던 '나만의 건물'이 바로 이런 곳이 아닐까 생각하게 되었다.

제일 조심해야 할 공실률

하지만 걱정되는 부분은 분명히 있었다. 일본에서도 일반 투자자들은 쉽사리 상업빌딩에 투자하지 않는다. 웬만큼 자금이 있지 않은 이상 값비싼 도쿄의 도심부에서, 더구나 관광지로 유명한 상업지를 굳이 사지 않는다. 그보다 안정적으로 운영할 수 있는 주택이 있는데 굳이 그럴 이유가 없다. 지금이야 관광업이 호황이고, 경제 상황이 좋아지고 있기 때문에 문제가 없겠지만, 나중에 경제가 안 좋아지고 공실이 생긴다면? 주택은 사람이 꼭 살아야 하기 때문에 어떻게 해서든 공실을 메울 수 있다.

하지만 사무실과 상가는 다르다. 게다가 도쿄 도심부 곳곳에서 탄생하고 있는 대형 오피스도 걱정거리의 하나나. 초대형 상업빌딩의 재개발을 곳곳에서 하고 있고, 실제로 도쿄의 오피스 공실률은 계속해서 올라가고 있다. 우량 사무실과 상가는 지금 이 순간에도 계속 태어난다. 공급이 많아질수록 경쟁은 심화되고, 이는 투자 위험으로 직결된다.

자료 25 도쿄도 오피스 공실률 추이

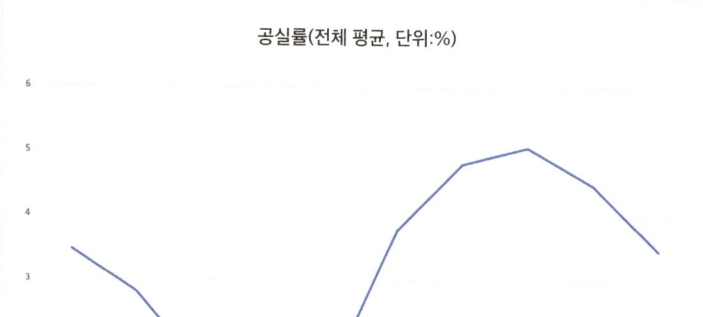

〈출처 : 부동산 중개·컨설팅 기업 미키쇼지(三鬼商事株式会社)〉

하지만 내가 알고 있는 위험은 더 이상 위험이 아니라는 말도 있지 않은가. 나는 공실 가능성과 팬데믹이 다시 찾아올지도 모르는 위험을 알고 있다. 그리고 다시 동일한 위험이 발생했을 때 내게 벌어질 최악의 상황도 알고 있다. 내가 이 모든 상황을 극복

할 수 있다면? 그러면 괜찮지 않을까?

　상업빌딩으로 자꾸 눈을 돌리는 이유에는 나만의 건물을 찾고 싶다는 강렬한 목표도 있었지만, 무엇보다 '저렴해 보인다'는 나만의 평가가 내려졌기 때문이었다. 앞서 여러 차례 언급했듯, 일본에서는 일반 투자자들이 상업용 부동산에 투자할 이유가 그다지 없다. 우리나라는 주택 수라는 지표라도 있지, 일본은 전혀 상관이 없다. 안정성, 수익률, 세금, 모든 면에서 유리한 주택(맨션, 일동아파트 등)을 놔두고 상업용 부동산에 투자할 필요가 없다.

　그렇다면 이를 반대로 생각해본다면? 상업용 부동산은 분명히 '싸다'. 저평가라는 판단을 했다. 특히 작은 상업용 건물은 여러 이유로 인해 외면받고 있었다. 수요가 적은 만큼 가격은 눌려 있을 것이란 생각이었다. 실제로도 매물을 받아보고, 매입 의향서를 작성하려고 할 때마다 주택의 경우는 꽤 빠르게 판매가 되었지만 상업용 빌딩은 그렇지 않은 경우가 많았다.

상업빌딩으로 두 번째 투자를 결정하다

　첫 번째 건물을 팔고 나서 약 8개월 만에 취득한 내 두 번째 건물은 도쿄 스카이트리라는 유명 관광지 앞 3분 거리에 있는 자그마한 상업빌딩이다. 나온 매매가를 더 깎아서, 최종적으로 매입한 표면 수익률은 5.4%였다. 신축이었기 때문에 대출 조건도 유리했다. 금리 1.8%이고, 대출은 매매가의 50%를 받았다. 3층짜리 작은 건물로 1층과 3층에 상가가, 2층에는 사무실이 들어와 있다. 임차인들은 10년짜리 정기 임대차 계약을 맺고 있었다. 이 말은 곧 약 5년 후에는 임차인들이 퇴거할 수도 있다는 의미다. 그때 나는 정말로 내가 원하는 '나만의 건물'을 만들 수 있을까? 지금은 쉽게 대답할 수 없다. 아직은 나 자신도, 내 건물도 그리고 이 도시도 변화의 과정 안에 있기 때문이다.

자료 26 새로 매입한 상업빌딩

상업빌딩이라는 이름 자체는 거창해 보이지만, 내가 취득한 건물과 같은 아주 작은 상업빌딩이라면 겉모습은 사실상 일동맨션과 다를 바가 없다. 그렇지만 분명히 상업빌딩의 용도는 '점포'다. 사람들이 거주하는 공간이 아니기 때문에 기존 투자의 시선

표 26   새로 매입한 상업빌딩의 상세 정보

종류	상업빌딩
교통	도쿄메트로 한조몬선 오시아게역 (押上駅(スカイツリー前)) 도보 3분
토지 면적	56.05m²
건물 면적	118.39m²
주차장	없음
준공년월	2019.03
총 호수	3호
접도 상황	남측 16m
부지 권리	소유권
구조	RC조
층 건물	3층
건폐율/용적률	80%/300%
용도지역	근린상업지역
토지	택지

과는 달라야 했다.

 상가주택의 형태를 가진 첫 번째 건물을 매입할 때에는 사람들이 살면서 겪을 여러 상황에 대해서 고민했다. 주택에 더 큰 비중을 둔 탓이다. 사람들이 오가는 길목이 환하고 밝은지, 원룸 크기가 너무 작지 않은지, 치안은 어떤지, 주위 환경이 깔끔하고 관리가 잘 되어 있는지, 회사가 많은 지역으로 향하는 교통편은 편리한지, 근처 병원·공원·학교 등이 잘 갖추어져 있는지, 슈퍼마켓·백화점 등 쇼핑 여건이 좋은지 등등. 이런 점에 대해 고민해서 '내가 이곳에서 살 수 있을까'를 생각했다. 이 질문에 대답할 수 있게 되어서야, 매입을 결정할 수 있었다.

하지만 이번은 달랐다. 사람들이 살아가는 곳이 아닌 '오고 가는' 곳이었다. 그곳에서는 거주를 고민하지 않아도 된다. 오히려 주택을 선택할 때의 고민과는 방향이 달라졌다. 좋은 자리에 있는 상업빌딩이라면 치안이나 환경은 딱히 중요한 요소가 아니다. 면적이 좁고 넓어지는 것은 들어올 수 있는 업종이 달라질 뿐이지, 좁다고 해서 무조건 마이너스 요소가 되진 않는다. 또한 근처 병원, 공원, 학교, 슈퍼마켓, 백화점 등과 같은 시설은 이제 '내가 이용할 때'가 아니라, '상업적으로 바라볼 때' 메리트가 있을지 없을지를 판단해야 했다.

결국 '장사가 잘되는 곳일까?'에 대답할 수 있어야 했다. 조용하고 편안한 환경 대신 오히려 그 반대에 가까운 요소를 중심에 두어야 했고, 한 번도 장사를 해본 적이 없었던 나는 꽤 혼란스러운 과정을 거치게 되었다.

다행히도 이번에 선택한 상업빌딩은 '장사가 잘되는 곳일까?'의 답변을 내놓기에는 비교적 쉬웠다. 도쿄 관광에서 빼놓을 수 없는 '스카이트리'라는 관광지에서 매우 가깝다는 점 때문이다. 스카이트리는 연간 방문자 수가 640만 명으로 추정되는데, 이는 한국의 경복궁을 방문하는 연간 방문자 수 644만 명과 유사한 수치다. (출처 : 관광지식정보시스템 https://know.tour.go.kr/stat/visitStatDis/main.do)

계속해서 관광객이 늘어나고 있는 이 시점에서 갑작스럽게 유동인구가 줄어들 걱정은 당분간 없었고, 기꺼이 소비하고자 하는 관광객들이 주요 유동인구인 이상, 장사는 잘될 수 있다고 판단했다.

상업용 부동산은 사람들의 동선이 전부다

하지만 단순히 사람만 많다고 해서 다 옳은 것은 아니었다. 사람들이 오고 가는 동선을 생각한다면, 아쉬운 점은 분명히 있었다. 사람들이 주로 어떤 길로 다니고, 어디에서 멈추는지를 관찰하며 흐름을 읽어내는 일을 '동선을 파악한다'고 말한다. 가장 많은 사람들이 주로 이용하는 루트를 '주 동선'이라고 한다면, 이 상업빌딩은 역에서 나와서 스카이트리까지 가는 길목의 주 동선에는 전혀 걸리지 않기 때문이었다. 이런 지점에서 한계는 분명히 있어 보였다.

스카이트리 앞에는 큐나카강(旧中川)이 흐르는데, 이 수로를 따라 카약을 즐기는 모습을 쉽게 볼 수 있다. 사람들은 카약을 타면서 수상에서 스카이트리와 그 주위를 감상하고 경험한다. 그런데 이 빌딩은 카약을 타면서 구경하기에 딱 좋은 곳에 위치해 있었다. 분명히 관광객들의 눈에 띌 만했다.

이 빌딩은 사람들이 주로 걸어다니는 주 동선에는 걸리지 않지만, 사람들의 시선에서는 꽤 많이 걸리는 셈이다. 그래서일까.

이 빌딩과 나란히 있는 빌딩들의 각 1층에는 통유리로 되어 있는 카페, 유명 전문 가게 등이 줄지어 있는 모습이다. 이런 점에서 유입량의 흐름도 나쁘지 않다고 판단했다.

스카이트리 내에는 면세점, 전망대, 레스토랑뿐 아니라 캐릭터 가게, 패션, 기념품 등 300개 이상의 점포가 입점되어 있는 대형 쇼핑몰이 있는데, 이 역시 장점이자 단점이었다. 대형 쇼핑몰이 있으면 주위에 있는 소규모 점포는 손님을 뺏길 가능성이 있다. 그곳을 오가는 사람들은 스카이트리에서의 관광을 목적으로 한다. 굳이 바깥으로 나가지 않아도 되기 때문이다.

실제로 한국에서도 스타필드와 같은 대형 쇼핑몰이 들어온다고 하면, '아파트'에는 호재지만, '상가'나 '상업빌딩'에는 악재인 경우가 많다. 그래서 주위의 소형 건물들이 얼마나 활력 있게 운영되고 있는지를 살펴보는 점검도 중요했다.

스카이트리를 바로 마주하고 있는 소규모 건물들은 역시 관광객에게 특화된 점포가 많았다. 환전소, 짐 임시 보관소, 가챠샵 등이다. 그리고 그 주위를 더 넓게 걷다 보니 다른 느낌의 점포도 곳곳에서 눈에 띄었다. '장인'의 느낌이 나는 음식점, 오래된 예술품을 파는 전통 가게, 분위기 좋은 바, 오래된 전문 숍 등등. 물론 관광객들은 스카이트리에 와서 그 안에서 먹고 놀고 물건을 구입하는 관광을 즐긴다.

하지만 분명 스카이트리를 찾는 모두가 높은 전망의 비싼 레스토랑이나 흔한 프랜차이즈 식당, 유명 브랜드, 캐릭터 가게만 가지 않을 것으로 생각했다. 근처의 오래된 식당도, 카페도, 또 다른 골목의 모습도 구경하는 관광객도 존재한다고 판단했고, 실제로 그 주위의 골목 구석구석에는 관광객들이 가득했다. 새로운 관광 상품을 체험하고, 알지 못했던 노포를 발견하는 재미도 있다. 비싼 임대료를 내고, 유명 브랜드의 인지도가 필요한 대형 쇼핑몰의 점포와는 달리, 또 다른 매력적인 많은 점포가 주위에 있었다.

자료 27　스카이트리 앞 거리 풍경

조금 더 남측으로 내려가면 사람들이 많이 살고 있는 거주지가 자리 잡고 있다. 그래서 이 주위는 주민들이 주로 이용할 것 같은 미용실, 약국, 은행 등도 꽤 많이 있는 편이었다. 물론 나는 관광객들을 상대로 하는 상업빌딩을 바라보며 '장사가 잘될지'에 대한 대답에 중점을 두었지만, 이렇게 관광객뿐 아니라 일반 주민들까지 받아들일 수 있는 수요가 있는 점은 다행이라는 생각도 들었다. 실제로도 현재 1층에 미용실이 들어와 있다.

어떤 점포가 들어와 있는지에 대해서는 부동산 업자로부터 받는 자료에도 있지만, 실제로 사람들이 좋아하는 선호 시설인지에 대한 부분은 별도로 알아봐야 했다. 이때 가장 유용했던 도구는 역시 구글 지도였다.

구글 지도에서 각 점포를 눌러서 리뷰를 살펴보고, 리뷰에 쓰여 있는 여러 단서를 쫓아 나갔다. 야후 재팬에서 검색하는 과정 역시 유용했다. 점포명과 함께 리뷰(レビュー), 평판(評判)이라는 키워드를 함께 적고 살펴보면 된다. 다행히도 내 건물 3층에 들어와 있는 점포 중 두 군데는 꽤 유명한 곳이었다. 이로써 안정적인 임차인임을 어느 정도 확인했다.

관광객과 주민들이라는 다양한 수요를 복합적으로 가지고 있어 상가, 사무실, 숙박 시설로 언제든 활용 가능한 유용한 구조의 상업빌딩은 가장 최적의 선택이었다. 그리고 무엇보다 내가 적극적으로 작은 빌딩을 꾸려나갈 준비가 되어 있었다. '나만의 건물' 이라는 막연한 생각을 구체화시켜줄 수 있는 첫 번째 캔버스가 되어주기를 바라면서, 더 노력해야겠다는 굳은 다짐을 하게 되었다.

5장

건물 하나로
수익, 차익,
인생 설계까지
만드는
투자 노하우

가치를 높이는 비밀, 밸류업

우리가 무언가를 산다고 생각해보자. 아침 출근길에 편의점에서 빵을 고르고, 레스토랑에서 파스타를 주문하며, 백화점에서 가죽 가방을 구입한다. 빵, 파스타, 가방은 모두 누군가의 손을 거쳐 만들어진 결과물이다. 빵은 공장에서 생산되고, 그 공장은 특정 기업이나 개인이 소유한다. 파스타는 요리사가 재료를 활용해 직접 만든다. 가죽 가방은 브랜드가 공장이나 장인에게 맡겨 제작한다. 결국 우리가 소비하는 모든 상품은 누군가의 시간과 노력이 담긴 산물이기에, 사람들은 기꺼이 값을 지불한다.

부동산은 어떨까? 공간 역시 마찬가지다. 처음에는 빈 땅 위에 콘크리트와 철근을 쌓아 건물을 세운다. 구조가 갖춰지면 비로소 공간이 생긴다. 하지만 그 안은 아직 비어 있다. 단열재를 깔고, 벽지를 바르고, 마루를 설치하면서 사람들이 머무를 수 있는 장소로 다시 태어난다. 이어서 가구와 장식을 더해 목적에 맞게 꾸며지면, 우리가 아는 '부동산'이 완성된다. 튼튼한 건물을 짓고, 사용할 수 있도록 다듬는 전 과정은 모두 누군가의 노력 덕분이며, 바로 그 노력 때문에 사람들은 기꺼이 돈을 지불한다.

부동산은 그대로 있지만, 이를 어떤 노력으로 다시 탈바꿈시키면서 가치를 올리는 일을 '밸류업(value-up)'이라고 한다. 거창하게 생각하면 아예 건물을 새로 짓는 방법이 있지만, 작게 생각하면 우리가 있는 공간의 용도만 살짝 바꾸는 리포지셔닝도 밸류업 중 하나다. 바로 부동산이라는 상품을 누군가가 노력해서 만든다.

수익에 즉각적인 변화를 가져다주는 리폼 밸류업

일본 부동산 시장에서도 밸류업은 매우 중요한 전략이다. 특히 오래된 건물이 많은 일본에서는 적절한 밸류업을 진행하기만 해도 건물의 모습이 달라지고, 즉각적으로 수익이 좋아지는 결과를 가져온다. 구조적으로는 멀쩡해도 외관이 낡거나 내부 설비가 구식일 때 적절한 리폼이나 리노베이션을 통해 공용부를 정비하고, 조명을 LED로 교체하거나 외벽 도장을 새로 하기만 해도 임대료를 일정 부분 올릴 수 있다. 관리 상태가 좋아지면 공실률도 낮아지고, 결과적으로 수익률이 개선된다.

내가 실제로 첫 번째 건물의 2층과 4층을 리폼하고 월세를 약 20% 수준만큼 올렸다. 나머지 1층과 3층의 월세는 그대로였다. 그래서 그 건물에서 받는 월세의 총수입은 약 10% 수준 오른 셈이었다. 이를 동일한 수익률 4%를 받는 수익형 부동산으로 시장에 다시 내놓는다면 1억 7,000만 엔이었던 건물 예상 가격은 1억 9,000만 엔이 된다. 건물의 가격 역시 약 10% 정도 더 높아진다고 평가한다.

	밸류업 전	밸류업 후
월세 수입(연)	680,000엔	760,000엔
수익률	4%	4%
건물 예상 매매가	17,000,000엔	19,000,000엔
차익	2,000,000엔	

리폼하는 데 일정 비용이 들었지만, 비용을 상쇄할 만큼 월세와 건물 가치가 올라갔음을 알 수 있다. 밸류업을 위한 리폼 비용으로 약 390만 엔 정도가 들어갔고, 리폼 비용을 회수하기 위해서는 최소 24개월이 필요하다. 2년에 달하는 기간이다.

리폼 비용	3,900,000엔
건물 차익	2,000,000엔
월세 인상분 [24개월]치	1,920,000엔

하지만 일본 부동산에는 임대인에게 유리한 몇 가지 수익이 있다. 바로 임차인이 새로 월세 들어올 때 내는 레이킨이다. 이는 임차인에게 다시 돌려주지 않아도 되는 돈으로, 월세의 1~2개월치다. 그대로 임대인의 수익이 된다. 월세를 24만 엔에 들어온 임차인은 레이킨 명목의 금액으로 24만 엔에서 48만 엔 정도를 임대인에게 납부한다. 나의 경우에는 각각 2개월치씩 받았고, 관리회사에게 50%만큼 수수료를 납부했다. 그렇다면 월세를 올린 호실로부터 받는 수익을 다시 계산해서, 리폼 비용을 상쇄시킬 수 있는 기간을 다시 확인해보자.

리폼 비용	3,900,000엔
건물 차익	2,000,000엔
레이킨 수익 (50%)	440,000엔
월세 인상분 [19개월]치	1,520,000엔

24개월이 19개월로 줄어들었다! 즉, 내가 리폼을 위해서 목돈 390만 엔을 들였지만 건물 가치 상승분, 레이킨, 월세 인상분 등을 통해 2년 안에 다시 회수할 수 있다는 계산이다. 이후에는 꾸준하게 발생하는 추가 수익은 당연한 이야기다.

물론 건물 차익은 어디까지나 예상 수치다. 그렇게 시장에서 평가하는 숫자이지, 실제로 내 주머니에 들어온 200만 엔이 아니다. 하지만 이미 독자들은 알고 있듯, 내 건물은 1억 9,000만 엔보다 훨씬 더 높은 금액으로 팔렸다. 이는 단순히 월세 수익만을 바라는 수익형 부동산 거래가 아니었다는 방증이다. 실제로도 매수자는 내 건물을 다시 짓겠다고 했다. 그들은 웃돈을 주고 사 간 격이다.

부동산의 잠재 가치를 극대화하는 디벨로퍼의 개발 밸류업

건물을 부수고 다시 짓는 밸류업이 부동산 투자에 있어서 가장 거창한 단계라고 한다면, 이는 디벨로퍼의 영역이다. 디벨로퍼는 부동산을 새롭게 기획하고 개발해서 수익을 창출하며, 주로 회사인 경우가 많다. 그들은 단순히 리폼을 하거나 리노베이션을 하는 수준이 아니라, 땅과 건물을 통합하거나 용도를 변경하고, 기존 구조물을 철거한 뒤 새로 건물을 짓는 등의 방식으로 부동산의 잠재적 가치를 극대화한다. 그리고 여기서 발생하는 분양수익이나 임대수익을 통해 이익을 실현한다.

개인이 가진 돈은 한정적이고, 시간도 넉넉지 않다. 개인에게 하나의 건물을 다시 지어 올리는 개발 사업은 결코 쉬운 일이 아니다. 개발 사업을 잘못했다가, 자칫 잘못해서 모아왔던 전 재산을 날리는 경우도 적지 않다. 그만큼 리스크도 크고 어렵다. 하지만 그만큼 수익이 크게 나는 점 역시 개발 사업의 묘미다.

내 첫 번째 건물의 매수자 역시 디벨로퍼였다. 나에게 웃돈을 주고 건물을 사간 이유는 분명히 있다. 그 돈을 주더라도 본인들에게 이득이 되기 때문이다. 내 건물을 부수고 다시 지어서 훨씬 더 많은 수익을 올릴 수 있으니까 말이다. 디벨로퍼는 내 건물이 가지고 있는 땅을 포함해서 근방의 필지를 매입하는 중이었다. 기존 건물은 모두 철거하고, 현재보다 더 높은 건물로 재탄생시키려는 계획이다.

자료 28 디벨로퍼가 매수한 첫 건물이 철거된 모습

실제로는 훨씬 더 복잡한 계산식이 적용되지만, 단순화시켜서 예를 들어보자. 내가 소유한 건물과 주변 토지를 포함해서 총

150평(약 495m²)의 땅을 디벨로퍼가 20억 엔에 매입했다고 가정한다. 땅을 매입한 디벨로퍼는 이 부지에 상업용 복합건물을 새로 짓는다. 일반 상업지역으로 건폐율은 80%, 용적률은 600%로 보면, 현실적인 기준으로 7층 건물을 지을 수 있다. 평균 건축비를 제곱미터당 약 30만 엔으로 하고, 엘리베이터 설치, 설계 감리 비용, 인테리어 등을 포함하여 계산하면 총공사비는 약 19억 엔이 된다.

이후 이 건물을 평당 약 500만 엔 수준으로 분양하거나 임대 계약을 통해 매출을 올리면, 총수익은 약 52억 엔이 된다. 땅 매입과 신축에 들어가는 각종 비용을 제외하고도, 개발 사업을 한 회사는 약 13억 엔의 이익을 얻을 수 있다는 계산이 나온다.

	(단위:억 엔)
매입가	20
신축비용	19
매출(분양)	52
추정 이익	13

이렇게 디벨로퍼가 하는 일이 바로 본격적인 건물의 밸류업이다. 단순한 재매매가 아니라, 기존 건물을 허물고 보다 고도화된 상업시설을 새롭게 설계함으로써 부동산, 정확히 말하자면 땅과 건물의 가치를 다시 만든다. 결국 내 건물은 '새로운 건물의

일부가 될 땅'으로서, 또 다른 밸류업의 재료가 되었으니 웃돈을 주고 사가도 충분히 그들에게 있어서 이득이 된다는 결론이다.

두 가지를 모두 노리는 똑똑한 투자자가 되자

직접 실내 리폼 등을 해서 월세를 올리는 작업, 건물을 새롭게 지으면서 추가 수익을 만드는 작업 모두 '노력이 들어간' 부동산의 밸류업이라고 한다면, 우리는 두 가지 방법을 모두 노리는 똑똑한 투자자가 되어야 한다. 내가 직접 건물을 부수고 지을 여력이 없다면, 이런 작업을 할 만한 사람들은 따로 있다. 그러니 그 사람들에게 매력적으로 보이는 부동산을 찾는 일도 밸류업 투자 방법의 하나가 된다.

같은 수익을 주는 건물이라면, 기왕이면 디벨로퍼가 보기에 매력적인 건물을 선택한다. 여기에는 여러 가지 요소가 적용된다. 땅은 넓을수록, 용도 지구는 더 높은 건폐율과 용적률을 가지고 있을수록, 맞닿아 있는 도로가 넓을수록, 남향보다는 북향이, 삐뚤빼뚤한 모양보다는 사각형에 가까운 땅이 좋다. 이 외에도 여러 가지 요소가 적용되긴 하지만, 이 정도 기본만 알고 있더라도 처음 검토를 시작하는 데에 있어서 상당 부분 필터가 가능하다. 내가 직접 밸류업, 개발 사업을 할 수 없다면 개발 사업을 하

표 27   개발 사업에 유리한 부동산 조건

항목	선호 조건	비선호 조건
대지 면적	넓은 대지(100평 이상)	좁은 대지(50평 이하)
용도지역	상업지역 또는 준공업지역	제1종 저층 주거지역
건폐율	높을수록 유리(예: 80%)	낮은 건폐율(예: 50%)
용적률	높을수록 유리(예: 600%)	낮은 용적률(예: 200%)
접도 조건	2면 이상 접도, 접도 폭 6m 이상	1면 접도, 접도 폭 4m 이하
향	북향(남쪽 일조 고려한 배치)	남향
토지 형상	정사각형 또는 직사각형	삼각형 등 불규칙한 형태
도로 폭	8m 이상	4m 이하
토지 권리	완전 소유권	지분권/임차권 등 복잡한 권리관계
건물 노후도	노후(재개발 가치 높음)	신축 또는 양호한 상태
인근 개발계획	확정된 개발계획 존재	미정 또는 없음
교통 접근성	역세권(도보 5분 이내)	버스 중심 지역, 도보 15분 이상
주변 수요	상업지 중심지, 관광지, 업무지구	주거지 중심지, 외곽지역

는 사람들에게 보기 좋은 바로 그곳을 택하자!

게다가 상업용 건물이라면 ESG 트렌드도 함께 고려하면 좋다. ESG란 환경(Environment), 사회(Social), 지배구조(Governance)의 약자다. 환경 측면에서 탄소 배출을 감축하고, 사회 측면에서 다양성과 포용을 지역 사회에 기여하고, 지배구조 측면에서 투명한 경영에 힘쓴다.

앞서 보았던 도시 계획에서 재해에 강하고, 환경과 조화를 이루며, 포용적 사회를 구현하고자 하는 목표와 2050 도쿄 전략 세 가지에서 다이버시티, 스마트시티, 세이프시티를 표방하는 과정 역시 모두 ESG 트렌드와 연결된다. 오래된 건물의 비중이 전체의 50%를 넘어가는 도쿄의 경우, 특히 ESG 트렌드의 과제가 많이 주어져 있는 상태다. 도쿄 도심 구축 상업용 건물이라면 ESG 기준에 맞는 리노베이션으로 자산 밸류업이 가능하다.

〈표 28〉에서 ESG 트렌드에 맞춘 밸류업 요소들의 예시를 들어보았다. 이런 요소를 도입하면서 실질적으로도 전기 요금, 냉난방비가 절감되는 효과가 생긴다. 또 임차인을 모집하는 임대 마케팅에 있어서도 차별점이 생기는 효과도 기대할 수 있으니 일석이조다.

그동안은 입지와 임대료가 투자 기준의 거의 전부였다면, 이제는 ESG 요소 반영을 하는 밸류업 가능 여부도 함께 고려한다면 아직까지는 빛을 보지 못한 소형 구축 상업빌딩에도 기회가 올 수 있다고 생각한다.

표 28　ESG 트렌드에 맞춘 중소형 빌딩의 밸류업 요소

항목	밸류업 요소	주요 내용	비고
Environment	1. 에너지 절감	고효율 LED 조명, 태양광 설치, 고단열창호	BELS, ZEB 인증 항목
	2. 물 절약	절수형 설비, 빗물 활용 시스템	WELL 인증 가이드라인
	3. 탄소 배출 저감	전력 소비 측정 시스템, 재생에너지 전환	RE100 대응 가능
Social	4. 쾌적성	자연광 확보, 환기 개선, 저소음 설계	WELL, CASBEE
	5. 배리어프리	경사로, 엘리베이터 확보, 다국어 표기	고령자, 외국인 대응
	6. 커뮤니티 기여	1층 공간 개방(오픈 플라자), 지역 연계 이벤트 공간	지역 기여 가치 상승
Governance	7. 정보 투명성	에너지 소비량 표시, 유지보수 이력 공유	투자자 대응
	8. 안전, 내진 보강	최신 내진기준 적용, 화재 경보 시스템 교체	법령 기준 충족 필수

밸류업은 단순히 수리나 미화 수준을 넘어서 '그 공간의 쓰임새를 재정의하고 재가치화하는 작업'이다. 작은 변화라도 시장에서 그에 대해 반응하고 수익 구조가 바뀐다면, 분명한 가치 상승으로 이어진다. 건물은 그대로지만 인식이 바뀌고, 수익이 바뀌고, 결국 자산의 평가액까지 바뀐다. 이것이 바로 부동산 밸류업의 힘이다.

매입부터 매각까지, 실행의 흐름

　일본 부동산 투자는 단순한 관심이나 공부만으로는 결과를 낼 수 없다. 정보를 수집하고, 시장을 분석하고, 좋은 매물을 찾는 데까지는 누구나 할 수 있다. 특히 요즘은 유튜브나 블로그, 각종 부동산 플랫폼이 발달하면서 투자 정보를 얻기는 훨씬 쉬워졌다. 하지만 마지막 문턱을 넘는 사람은 드물다. 이유는 간단하다. '결단'과 '실행'이라는 가장 어려운 단계를 끝까지 밀어붙이는 사람이 많지 않기 때문이다.

　해외 부동산 투자는 특히 언어와 문화의 장벽, 제도와 법률에 대한 생소함, 서류 작업의 번거로움, 현장 대응의 어려움 등 실무적인 난관이 도처에 있다. '나중에 하자', '조금 더 알아보고 하자'

는 생각이 쌓이기 시작하면 어느새 기회는 사라지고 만다. 그래서 결국은 "누가 실행했는가?"에 따라 투자 성패는 갈린다.

여기에 일본 부동산 투자를 하겠다고 마음먹은 예비 투자자가 있다. 그는 이미 일본 부동산 투자와 관련한 여러 책자와 유튜브, 기사 등을 접했고 다양한 방면으로 지식을 습득한 상태다. 이 사람이 제일 먼저 해야 할 일은 무엇일까?

해외 부동산 투자를 위한 첫 번째 단계

우선 일본 부동산 매물을 검토할 수 있도록 도와줄 협력자들을 찾아야 한다. 대표적으로 일본 부동산 회사와 에이전시가 있다. 이들은 고객이 원하는 조건의 매물을 시장에서 찾아 준다. 이들과 본격적으로 일을 하기에 앞서서 투자자는 목표 수익률, 현실적으로 가능한 초기 자본금, 매물 상세 조건 등을 명확히 해야 한다. 내가 앞서 '나만의 건물'이 무엇인지 갈피를 잡지 못하고 있을 때, 각 조건을 수치화하면서 나열했던 방법처럼 하면 좋다. 스스로도 무엇을 사고 싶은지 정확하게 하지 못한다면 이리저리 휘둘리기 십상이다. '누가 좋다고 해서, 누가 오를 거라고 해서'와 같은 생각으로 내리는 판단은 절대 금물이다. 사기꾼의 표적이 되기 딱 좋은 사람이 되어 버린다.

다음은 실제 매물을 살펴볼 차례다. 처음에는 익숙하지 않은 명칭에 당황할지도 모르지만, 차근차근 살펴보다 보면 눈에 익은 동네와 지하철 노선명, 역명이 나타난다. 매번 동네를 알아볼 때마다 중요하게 생각하는 판단 기준을 메모해두고 자주 쓰는 앱이나 메모장에 저장해두면 나중에 찾아보기에도 편하다.

나는 처음 일본 부동산을 매입하려고 결심했을 때, 가장 먼저 커다란 지도를 사서 벽에 붙여두는 작업을 했다. 생소한 지역과 명칭에 익숙해지기 위해서였다. 또 A3 사이즈의 지하철 노선도도 그 옆에 붙여두었다. 지하철역 이름부터 암기를 시작했다. 이런 식으로 자주 눈에 보일 수 있도록 본인이 가장 편하고 익숙한 곳에 일본 단어를 두는 노력은 분명 도움이 된다.

괜찮은 매물이 나타났다면, 그다음은 직접 가볼 차례다. 직접 두 눈으로 보고, 두 발로 걸어서 가보는 임장을 한다. 부동산은 공간이다. 그 공간에 직접 가보는 확인만큼 중요한 일은 없다. 각 매물을 직접 가서 살펴보다 보면 느껴지는 바가 다르다. 구글 맵으로 보고, 문서로 검토했을 때는 분명히 좋아 보였는데, 실제 가보면 완전히 다른 느낌이 나는 부동산도 많다. 각 동네의 분위기는 어떤지, 어떤 사람들이 있는지, 낮과 밤은 어떻게 다른지, 주말과 평일은 어떻게 다른지 등을 가서 직접 살펴보면 신기하게도 내 마음에 꼭 드는 매물이 나타나는 경험을 하게 된다. 이런 과정이 부동산 투자에 있어서 '감'이라는 힘이 활약하는 순간이라고도 할 수 있다.

그 후 매입의향서를 작성하는 일, 필요시 투자 법인을 설립하고, 한국에서 필요한 각종 신고를 하는 일, 엔화를 마련하고 송금하는 일, 계약하는 일, 대출받는 일 등 상세 절차가 남아 있다. 이 모든 과정은 복잡하고 긴 절차를 간략하게 기술했을 뿐이다.

결국 가장 중요한 차이는 여기에서 온다

투자자가 명심해야 할 한 가지가 있다. 바로 실행이다. 위 내용을 알고 있더라도 직접 내가 실행에 옮기기는 절대 쉬운 일이 아니다. 한국이었다면, 부동산에 대해 아무것도 모르는 사람이 돈만 들고 공인중개소에 방문하기만 해도 알아서 착착 흘러갔을 것이다. 하지만 우리가 도전하는 곳은 일본이다. 일본 부동산을 사고 싶다고 돈을 주머니에 넣고 있다고 해도, 알아서 흘러가지 않는다. 모든 것은 나와 이 거래를 위해 함께하는 협력자가 해야 하는 일이다.

그렇다면 매각 절차는 어떨까? 매입과 비교해서 다른 점이 무얼까? 조금의 과장을 보태서 말하자면, 매각 절차가 매입보다 10배는 쉽다. 물론 각종 서류를 작성하고, 소유권 등기 이전을 하는 등 각 전문가가 해야 하는 행정적인 절차는 10배 어려울지도 모른다. 하지만 부동산을 파는 입장에서는 어려운 일이 전혀 없다. 쉽게 말해서 '나는 돈만 받으면 그만'이다.

나의 경우를 살펴보자면, 우선 매수자가 먼저 협상을 해왔기 때문에 내 물건을 시장에 세일즈하지 않아도 되었다. 이 부분에서 시간이 많이 절약되었고, 가능성도 훨씬 높아졌다. 제일 어려운 점은 가격 협상이 아니었을까. 매도자 입장에서 비싸면 비쌀수록 좋을 테니, 그 적정선을 결정하기가 힘들다.

또 일본에서 개발 사업을 하는 디벨로퍼 역시 예상한 만큼의 수익이 되지 않는다고 판단하면 알박기 매물은 과감하게 포기하고 다시 설계를 한다. 무엇보다 일본은 좁은 땅, 삐뚤삐뚤한 땅에도 건축을 하는 기술이 꽤 높다. 그러니 내가 좋은 자리를 선점하고 있더라도 무작정 알박기를 통한 과욕은 금물이다.

매각 협상이 되었다면 그다음부터는 소유자가 할 일은 별로 없다. 그간 있었던 수선 내역, 현재 임대차 현황 등은 관리회사에서 모두 만들어준다. 대신 매도자는 가지고 있던 중요 문서를 잘 정리하고 분류해둘 필요가 있다. 소유권 등기 이전을 하려면 정확한 서류가 필수니까 말이다.

잔금을 받을 때는 은행 대출을 말소하는 일도 함께한다. 잔금 수령 시 한국의 법무사와 유사한 사법서사가 동행하면서 모든 업무를 함께 하기 때문에 이때에도 소유자는 특별히 할 일은 없다. 말소 관련 서류를 발급받으며 확인하고, 인감도장을 제자리에 잘 찍는 일 정도가 남아 있다. 그 외에는 각종 비용 등을 공제한 정산서의 항목 체크, 통장에 계약금, 중도금(생략 가능), 잔금이 잘 들어왔는지 확인하는 절차 등이 있다. 어쨌거나 경험한 바를 생각해본다면, 소유자로서 부동산을 파는 데에 있어서는 살 때보다는 사실 훨씬 더 공수가 덜 드는 편이다.

표 29 매도할 때 필요한 서류들

품목	한국 용어
등기제증(권리증) 또는 등기식별정보 登記済証(権利証) / 登記識別情報	등기권리증
본인 확인 서류 本人確認書類	법인 등본, 대표자 여권/신분증 등
부동산 평면도 平面図	부동산 평면도
건축 확인 신청서, 확인제증, 건축 확인 통지서 (필요시) 建築確認申請書, 確認済証, 建築確認通知書	건축 허가 신청서, 건축 허가서
검사제증 検査済証	사용 승인서
내진 진단 적합 증명서, 석면 사용 조사 보고서 (필요시) 耐震基準適合証明書, 石綿分析結果報告書	건축물 석면 조사 보고서
고정자산세, 도시계획세 납세 통지서 사본 固定資産税, 都市計画税納税通知書	재산세 납부 확인서
인감증명서 印鑑証明書	인감 증명서
고정 자산 평가 인증서 固定資産評価証明書	부동산 감정 평가서
토지 측량도, 경계 확인서 土地測量図, 境界確認書	지적도, 지적측량의뢰서 등
저당권 말소 등기 필요 서류 抵当権抹消登記における必要書類	저당권 말소 서류
매각물건 구입시의 매매계약서(복사) 売買契約書	매매계약서
매수인에게 인도하는 서류(관리 규약이나 브로셔 등)	

부동산 공부 말고, 실행을 해라

실행은 결국 정보만으로 되는 일이 아니다. 머릿속에 아무리 많은 지식이 있어도, 실제로 발품을 팔고 계약서 앞에 앉기까지는 생각보다 큰 용기가 필요하다. 나 역시 살 때 그리고 팔 때, 수많은 시뮬레이션을 거쳤다. 계약서를 꼼꼼히 검토하고, 관리 체계를 구상하고, 세금과 제도까지 하나씩 정리했다.

그럼에도 마지막에 도장을 찍는 순간은 언제나 두려웠다. 그럴 때 먼저 한 발 걸어본 사람의 조언이 작게나마 도움이 될 수 있다. 일본에서 직접 투자하면서 내가 가장 크게 느낀 한 가지도 '완벽하게 준비된 상태'란 결코 오지 않는다는 사실이었다. 완벽하지 않아도, 지금 할 수 있는 일을 실천해 나가는 힘. 그게 진짜 실행력이다. 그리고 실행한 사람만이 다음 단계로 나아갈 수 있다.

실행의 순간들을 함께한 사람들도 있었다. 일본 부동산에 막 관심을 갖기 시작해 상담을 나눈 투자자가 매입까지 이어져 지금은 도쿄의 건물주가 되었고, 내 온라인 카페를 통해 정보를 얻던 투자자는 일본 이주를 실현한 경우도 있었다. 각자의 여정은 달랐지만 공통점은 모두가 '실행'을 선택했다는 데 있다.

이 이야기가 당신에게도 그런 첫걸음의 계기가 되었으면 한다. 완벽하지 않아도 괜찮다. 오늘 할 수 있는 작은 행동 하나가 결국 새로운 미래를 만든다.

누가 사줄 것인가:
매각 전략

　수익형 부동산에 투자하기로 마음먹었다면 목표는 분명하다. "매월 내가 기대한 만큼의 월세 수익을 안정적으로 받을 수 있는가?" 이 질문에 자신 있게 '예'라고 말할 수 있다면, 그 자체로도 투자 판단의 기준은 충분하다.

　하지만 사람 일은 늘 계획한 대로만 흘러가진 않는다. 나 역시 처음엔 매달 월세를 착실히 받는다는 목표로 건물을 매입했다. 그러나 마음 한 편엔 '부동산 가격이 조금이라도 오르면 좋겠다'는 바람이 분명 있었다. 그건 비단 나만의 생각은 아닐 것이다. 부동산을 매입한 이상, 누구나 한 번쯤은 '언젠가 팔게 될 날'을 떠올린다. 결국 부동산 투자는 월세 수익만으로는 완성되지 않는다. 수익형 부동산이라 하더라도 진짜 수익이 확정되는 순간은 매각 시점이다. 내 경우에도 월세 수익보다 시세차익이 훨씬 컸던 경험이 있었다.

그래서 나는 일본 부동산 투자에 관심이 있는 사람들에게 꼭 '시세차익'도 염두에 두어야 한다고 말하곤 한다. 그렇다면 일본에서 시세차익이 기대되는 부동산은 과연 어떤 조건을 갖추고 있을까?

한국에서는 정말 운이 나쁘게 하락 사이클에 잘못 걸려들지 않는 이상, 부동산을 매입하고 그 자리에 그대로 버티라는 말을 많이들 한다. 소위 말하는 '부동산 불패'다. 화폐가 계속 늘어나고, 인플레이션이 계속되는 이상 한국의 부동산은 지금 당장은 하락하더라도, 장기간으로 보면 우상향한다는 주장이다.

이 말은 한국에서는 사실이다. 하지만 일본에서는 그렇지 않았다. 일본은 잃어버린 30년을 지나, 이제 경제가 조금씩 회복되는 모습이다. 물가 상승은커녕 디플레이션에 빠져버렸던 일본은 부동산 가격 역시 오르지 못했다. 꽤 오랜 기간 부동산은 사는 즉시 가격이 떨어지는 소비재와 다름이 없었다. 그러니 일본에서 '시세차익을 위한 부동산'을 고려한다는 접근은 상상하기 힘든 일이었다.

시간이 흘러도 가격이 오르는 부동산을 찾는 법

하지만 이제는 상황이 많이 달라졌다. 앞서 여러 통계에서 확인했듯이 땅값, 실거래가 등 매매 지표가 오르고 있다. 물론 일본에서도 오르는 부동산만 오른다. 덮어두고 모든 부동산이 오르지 않는다. 이 점을 주의해야 한다. 같은 도쿄도 내, 도쿄 23구 내라도 입지에 따라, 조건에 따라 부동산 가격은 천차만별이고 그 움직임도 마찬가지다. 결국 우리 투자자들은 어디가 오르는지 고민해야 한다. 시세차익이 나는 부동산, 결국 이 물건을 나중에 누가 더 비싸게 사줄까?

건물 가치를 올리는 밸류업의 방법으로 리폼과 재건축 등을 생각해보았다. 단순하게 일본의 노후 맨션을 싸게 사서 리폼해 임대수익을 내는 구조는 겉보기에 매력적이다. 하지만 20년 후, 30년 후에도 이 건물이 같은 기준으로 평가를 받을 수 있을까? 지금의 월세는 올랐지만, 먼 훗날의 월세도 같은 방법으로 오를 수 있을까? 무엇보다 이 건물을 누가 사줄까?

고령화가 빠르게 진행되는 일본에서 특히 인구가 줄어드는 지방이라면 더더욱 낡은 건물은 쉽게 팔리지 않는다. 수익이 아무리 좋아도, 마지막에 받아줄 사람이 없으면 자산의 유동성은 급격히 떨어진다. '싸게 사서 오래 가지고 간다'라는 전략도, '지금 올린 월세를 계속해서 올릴 수 있을 것이다'라는 가정도, 결국 엔 매수자를 상정하지 않으면 종이 위의 계산일 뿐이다.

모두가 알다시피 일본은 이미 인구 감소가 시작된 나라다. 일본의 인구는 2011년부터 14년 연속 감소하고 있다. 심지어 그 감소 폭은 매해 조금씩 늘어나고 있다. 다음 자료를 보면 더 쉽게 이해가 된다. 2014년 10월부터 10년간 인구 변화를 나타내며 대략 1억 2,750만 명에서 1억 2,350만 명으로 지속적으로 줄고 있다.

자료 29 일본 인구 감소 추이(2024)

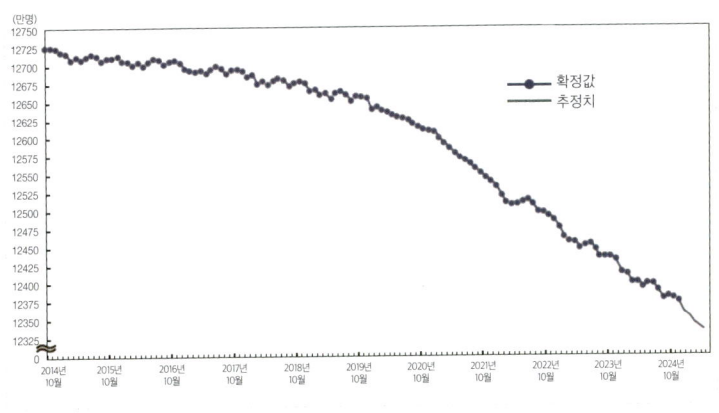

〈출처 : 총무성 통계국〉

부동산은 공간이다. 사람들이 살아가는 곳이다. 그런데 공간을 이용할 사람들이 줄어드는 변화는 최악의 신호다. 이럴수록 중요한 판단 기준은 사람들이 좋아하는 부동산이다. 인구가 점차 감소해서 도쿄도에 있는 1,400만 명이 1,000만 명이 되더라도,

남아 있는 1,000만 명이 좋아할 부동산을 찾아내야 한다. 먼 훗날 인구가 500만 명이 되었다면? 똑같다. 500만 명이 좋아할 부동산을 선점해야 한다.

사람들이 좋아하는 부동산은 가치를 유지할 수 있다. 주택이라면 그곳에 들어와서 살고 싶은 사람이 많고, 가게라면 사람들이 선호하는 업종이 있어 장사가 꾸준하다. 사무실이라면 출퇴근을 하는 사람들이 있고, 숙박용이라면 관광을 온 사람들이 머문다. 이렇게 다양한 기준으로 사람들이 그 부동산을 찾고 있다면 계속해서 부동산의 이용 가치가 남아 있다. 사람들이 계속해서 이용하는 부동산은 공실률이 낮고 월세가 꾸준히 들어온다. 이렇게 이용 가치가 남아있는 부동산만이 수익을 만들어 내니 시장에서 거래가 되고, 누군가가 산다.

실수요자, 투자자, 디벨로퍼의 관점으로 생각하기

매입 전부터 '이 부동산은 누가 좋아할까'를 생각하는 첫 단추가 부동산 투자의 기본이 되어야 한다. 실수요자일까, 투자자일까, 아니면 디벨로퍼일까.

실수요자의 경우 가장 중요한 관점은 '직접 살아갈 수 있는가'이다. 이들에게는 교통이 편리한지, 주변 환경이 쾌적한지 그리고 실내외 설비가 얼마나 잘 갖춰져 있는지가 핵심이다. 출퇴근 시간, 아이들의 통학 경로, 마트와 병원 같은 생활 편의시설까지. 이런 요소가 실수요자에게는 곧 '삶의 질'과 직결되기 때문이다.

투자자의 시선은 훨씬 더 계산적이고 현실적이다. 이들이 가장 먼저 살펴보는 숫자는 수익률과 공실률이다. 지금 이 물건에 투자했을 때 어느 정도의 임대수익이 가능한지, 유지비용 대비 순이익은 얼마나 되는지, 그리고 공실이 자주 나는 지역인지 아닌지가 그들의 주요 판단 기준이다. 아무리 좋은 위치와 설비를 갖춘 건물이라 해도, 공실이 많거나 수익률이 낮다면 투자자는 그 물건을 매력적으로 느끼지 않을 수 있다. 이들에게는 '사는 것'이 아니라 '굴리는 것'이 핵심이다.

또 다른 시선은 디벨로퍼의 관점이다. 디벨로퍼는 기존의 가치를 평가하기보다 그 부동산이 얼마나 확장 가능성이 있는지, 다시 말해 '개발 여력'이 있는지를 본다. 이들에게 중요한 요소는 토지의 모양과 면적 그리고 그 토지를 둘러싼 도로의 폭과 접근성, 법적으로 허용되는 용적률과 건폐율 같은 조건들이다.

간단히 말하면 실수요자는 '살기 좋은가'를, 투자자는 '돈이 벌리는가'를, 디벨로퍼는 '바꿀 수 있는가'를 본다고 할 수 있다. 같은 건물을 두고도, 누가 보느냐에 따라 해석이 완전히 달라진다. 그래서 부동산 시장은 언제나 다양한 시선이 동시에 존재하고, 그만큼 정답도 하나가 아니다. 같은 부동산이라도, 누구를 상정하느냐에 따라 해석이 달라지고, 전략이 달라진다.

국적이라는 기준도 놓치지 말자

'이 부동산은 누가 좋아할까'라는 질문의 '누가'에 대해 덧붙이고 싶은 한 가지가 더 있다. 바로 국적이다. 우리 한국인들이 지금 일본 부동산 투자를 바라보듯, 전 세계 사람들도 똑같이 바라보고 있다. 중국인도, 미국인도, 유럽인도 일본 부동산은 저렴하고 안정적인 수익률을 주는 훌륭한 투자처다. 그렇다면 그들도 훗날 내 부동산의 예비 매수자가 될 수도 있다.

특히 비싼 부동산일수록 그럴 가능성이 더 높다. 고급맨션, 타워맨션, 평단가가 높은 건물. 이런 조건은 특히 외국인 투자자들이 좋아하는 부동산이다. 일본 현지인들은 실용성과 가격 대비 가치를 기준으로 부동산을 평가하는 반면, 외국인 투자자들은 한눈에 '좋아 보이는' 조건을 중요하게 여기는 경향이 강하다. 특히 타워맨션은 일본의 도시 풍경 속에서도 상징적인 이미지를 가지며, 고층에서 내려다보는 조망, 호텔식 로비와 컨시어지 서비스, 최신 보안 시스템 등 외국인 입장에서는 '도쿄에 멋지고 세련된 고가의 집을 사는 느낌'과 '투자 자산을 소유하는 만족감'을 동시에 주는 형태다. 결과적으로 이런 고가의 부동산은 실수요보다는 자산 보유 목적의 수요가 많고, 그 중심에는 외국인 투자자들이 자리를 잡는다.

예비 매수자의 입장에서 부동산을 바라보려는 노력은 단지

나중의 매각을 염두에 둔 전략이라고 생각하기 쉽다. 물론 그 역시 중요한 목적이지만, 사실은 그보다 더 본질적인 의미가 숨어 있다. 바로 내가 스스로 세워놓은 기준이 실제 시장과 얼마나 어긋나 있는지를 점검하고, 잘못된 생각을 바로잡는 데 도움이 된다는 점이다. 투자 목표를 명확히 하고 나만의 기준을 세우는 것은 매우 중요하다. 하지만 그 기준에만 매몰되다 보면, 정작 시장에서 다수가 외면하는 요소를 오히려 장점이라 착각하는 우를 범하기 쉽다. 혼자만의 논리로 '이건 좋은 물건이다'라고 믿어버리면, 시장의 반응과 괴리된 판단을 내릴 수 있다.

결국 부동산은 사람들이 실제로 이용하고 살아가는 공간이라는 점을 잊지 말아야 한다. 사람들의 선호에서 완전히 벗어난 부동산을 고집스럽게 소유한 채, 왜 아무도 찾아오지 않느냐고 답답해하는 건 의미 없는 자기합리화일 뿐이다.

항상 마음속에 '이 부동산을 나중에 누가 사줄 수 있을까?'라는 질문을 품고 있어야 한다. 이 질문은 곧 시장의 시선과 나의 시선을 맞춰보는 도구가 되고, 때로는 내가 고집하던 기준이 틀렸음을 인정하게 만드는 좋은 기회가 된다. 매각 전략은 결국 나 자신을 되돌아보게 하는 기준선이기도 하다.

환율이 투자에
미치는 영향

　일본 부동산이 급격하게 주목을 받았던 이유는 '엔저'였다. 엔화가 유례없이 저렴해진 탓에 사람들이 엔을 어떻게 하면 투자할 수 있을까 생각하게 되었고, 이런 생각은 결국 주식, 부동산 등까지 확장되었다. 엔화 가치가 낮을수록 엔화로 표시된 자산을 보유하는 편이 상대적으로 유리하다는 인식이 퍼지며 인기를 끌게 된 결과다.

　일본 내에서도 엔저를 이유로 일본 부동산 시장이 많이 올랐다고 판단하고 있다. 실제로 데이터도 그렇다.

자료 30 일본 부동산 투자액 중 해외투자자의 비중 추이

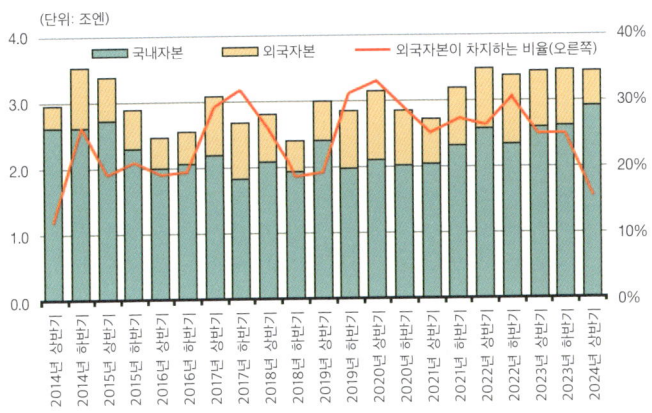

〈출처 : 닛세이 기초연구소 '부동산 투자 시장 동향(2024년 상반기)'〉

하지만 개별 부동산을 평가할 때는 환율 기준이 포함되지 않는다. 토지, 건축물, 지가, 구조, 수익률 등 여러 항목으로 각각의 부동산을 바라보지만, 단지 엔저라는 이유로 같은 부동산이 고평가되거나 저평가되지는 않는다. 결국 일본 내에서는 같은 가치를 가지고 있는 부동산은 그대로 있다. 단지 우리가 외국인이라서 동일한 가치의 부동산을 싸게 살 수 있을 뿐이다.

실제로도 일본 부동산을 매입할 때, 엔저라면 직접적인 이득을 얻을 수 있다. 엔화 가치가 낮을 때 진입하니 같은 가격의 부동산도 더 싸게 느껴진다. 2024년, 엔이 가장 저렴했던 800원 중반대에 실제로 한국인이 일본 부동산을 매입한 사례도 본 적이

있다. 지금도 엔저 추세이기는 하나 2025년의 평균 환율이 900원 중반대가 되었으니, 단순히 엔화만으로 10%가 넘는 이득을 본 셈이다.

일본 부동산 투자를 할 때, 우리는 월세 수익과 시세차익 모두를 고려하자고 했다. 여기에 하나 더 반영해야 할 지표가 생겼다. 바로 '환율'이다. 환차익 또는 환손실까지도 함께 생각하지 않으면 수익률을 계산할 때 오류가 생길 수도 있다. 단순 환율 차이로만 큰 금액이 변한다.

수익형 부동산, 환율을 극복하는 방법

실제로 나는 2019년에 5,000만 엔을 1,050원대의 원/엔 환율로 투자했다. 월세를 꾸준히 받고 있을 때에는 원/엔 환율은 950원에서 1,000원을 왔다 갔다 했고, 매각할 당시에는 950원대였다. 이 숫자만 보자면, 내 초기 투자금 5,000만 엔은 환차손을 봤다고 할 수 있다. 이것들을 함께 고려해야 투자 수익을 정확히 계산할 수 있다.

다행스러운 사실은 우리가 수익형 부동산에 투자한다는 점이다. 일정한 수익률로 월세를 꾸준히 받고 있다면 어느 정도의 환율 변동에도 대응을 할 수 있다. 당장의 환손실은 단기이지만, 우리의 투자는 장기로 계속되기 때문이다. 다음 표는 2014년부터

2023년까지의 실제 환율을 대입해서 원화를 계산한 수익 표다. 환율이 급격하게 떨어진 해를 보면 꽤 많은 차이가 나는 것 같지만, 이를 10년으로 펼쳐서 보면 그 평균이 생각보다 크게 나지 않는다는 사실을 알 수 있다.

	월세 수입(엔)	환율(원/100엔)	원화 계산(원)
1년 차(2014)	5,000,000	988	49,400,000
2년 차(2015)	5,000,000	965	48,250,000
3년 차(2016)	5,000,000	977	48,850,000
4년 차(2017)	5,000,000	1,012	50,600,000
5년 차(2018)	5,000,000	1,029	51,450,000
6년 차(2019)	5,000,000	1,068	53,400,000
7년 차(2020)	5,000,000	1,052	52,600,000
8년 차(2021)	5,000,000	1,024	51,200,000
9년 차(2022)	5,000,000	947	47,350,000
10년 차(2023)	5,000,000	909	45,450,000
합계	50,000,000		498,550,000
평균	5,000,000	997	49,855,000

만일 내가 리폼 등을 통해서 월세를 올리는 작업을 했다면 어떨까? 본격적으로 환율이 약세가 된 9년 차부터 2년간 월세가 10%씩 올랐다고 가정해보자. 10년 중 단 2년만 월세를 10% 올린 전략만으로도 사실상 환율의 변화와는 상관없이 비슷한 수익을 얻었다고 볼 수 있다.

수입을 단순화한 표이지만 결국 일본 부동산 투자자가 수익을 위해 해야 할 일은, 단기적인 환율 대응이 아닌 '장기적인 수익 개선 작업'이라는 교훈을 얻을 수 있다. 매년 꾸준한 수익을 낼 수 있도록 공실이 나지 않게 하거나, 밸류업을 통해서 월세 수입 자체를 올리는 편이 수익에는 훨씬 더 효과적이다.

	월세 수입(엔)	환율(원/100엔)	원화 계산(원)
1년 차(2014)	5,000,000	988	49,400,000
2년 차(2015)	5,000,000	965	48,250,000
3년 차(2016)	5,000,000	977	48,850,000
4년 차(2017)	5,000,000	1,012	50,600,000
5년 차(2018)	5,000,000	1,029	51,450,000
6년 차(2019)	5,000,000	1,068	53,400,000
7년 차(2020)	5,000,000	1,052	52,600,000
8년 차(2021)	5,000,000	1,024	51,200,000
9년 차(2022)	5,500,000	947	52,085,000
10년 차(2023)	5,500,000	909	49,995,000
합계	51,000,000		507,830,000
평균	5,100,000	997	50,783,000

매월 꾸준한 수익으로 엔화를 벌 수 있다는 장점은 일본 내에서의 일본인들에게는 큰 메리트가 되지 못할지도 모른다. 그들은 엔으로 벌고, 엔으로 소비하는 사람들이기 때문이다.

하지만 외국인인 우리들은 다르다. 언제든 적극적으로 환전할 수 있는 우리 한국인들은 환율에 따라 유리할 때를 골라서 원으로 바꿀 수 있다. 환전만으로는 세금이 발생하지 않는다. 환차익이 나더라도 환차익 분에 대한 세금이 없다는 점도 분명한 장점이다!

환율을 어떻게 해석해야 투자에 도움이 될까

하지만 환율을 유리하게만 해석하는 태도는 금물이다. 이쨌건 엔화 표시 자산을 매입하는 우리들은 엔화의 움직임을 면밀하게 관찰할 필요가 있다. 특히 미국의 금리 정책을 잘 지켜봐야 한다. 우리나라에서도 미국 금리의 움직임은 초미의 관심사다. 일본은 미국이 금리를 올리는 동안에도 자신들만의 기준으로 금리를 택했지만, 이는 정부의 방침이고 돈의 흐름은 달랐다. 세계 투자자금은 전부 달러로 몰렸고, 투자자들은 금리가 낮은 엔화를 빌려 금리가 높은 달러 자산에 투자하는 '캐리 트레이드'를 선호했다. 그 결과, 엔화는 더 약세를 보였다.

일본 부동산 투자자들은 무조건 옳은 가치는 없다는 사실을 계속해서 되뇔 필요가 있다. '엔화는 무조건 안전자산이다, 엔은 언젠가 꼭 엔고가 된다'와 같은 옛날 방식의 사고로는 안 된다. 미국 금리, 일본 금리, 글로벌 리스크 등의 현재 상황과 맞물려서, 앞으로 엔의 위상이 달라지는 새로운 뉴노멀 시대의 가능성까지 모두 고려를 해야 한다. 환율 흐름에 대한 이해가 깊을수록 일본 부동산 투자를 더 전략적으로 할 수 있다.

투자와 이주를
함께 고려하는 장기 전략

일본 부동산 투자 컨설팅을 해오면서 많이 들었던 질문 중 하나가 '부동산 투자만으로 일본에서 살 수 있느냐, 즉 비자를 딸 수 있느냐'였다.

이에 대한 정확한 답을 하자면 일본에는 '투자 비자'라는 비자 종류는 없다. 참고로 한국에서는 보통 비자의 종류는 단기체류와 장기체류를 기준으로 나누지만 일본 출입국재류관리청에서는 활동목적별로 나누며 크게는 취업과 비취업으로 나눈다. 그러니 부동산 투자만으로는 비자를 받을 수 없다.

부동산 투자로 이민갈 수 있을까

하지만 부동산 투자를 위해서 우리는 법인을 설립하고, 그 법인을 운영하는 역할자가 되었다. 그러면 해당 법인을 운영하는 역할자로서의 비자인 '경영관리비자'를 받을 수 있다.

표30 일본의 29종 재류자격 종류

구분	재류자격 수	특징	
취로 (Work-related)	19종	특정 직종·활동 허가	1. 교수(教授) 2. 예술(芸術) 3. 종교(宗教) 4. 보도(報道) 5. 경영·관리(経営・管理) 6. 법률·회계업무(法律・会計業務) 7. 의료(医療) 8. 연구(研究) 9. 교육(教育) 10. 기술·인문지식·국제업무(技術・人文知識・国際業務) 11. 기업내전근(企業内転勤) 12. 흥행(興行) 13. 기능(技能) 14. 특정기능 1호(特定技能1号) 15. 특정기능 2호(特定技能2号) 16. 고도전문직 1호(高度専門職1号) 17. 고도전문직 2호(高度専門職2号) 18. 간호(介護) 19. 농업·어업 등 계절고용(특정 활동에 포함되기도 함)
비취로 (Non-work)	5종	원칙적 취업 불가	20. 문화활동(文化活動) 21. 단기체류(短期滞在) 22. 유학(留学) 23. 연수(研修) 24. 가족체재(家族滞在)
특정활동 (Designated Activities)	1종	법무대신 개별 지정	25. 특정활동(特定活動)
신분·지위 (Status-based)	4종	활동 제한 없음	26. 영주자(永住者) 27. 일본인 배우자 등(日本人の配偶者等) 28. 영주자 배우자 등(永住者の配偶者等) 29. 정주자(定住者)
합계	29종	2025년 현재	

〈출처 : 일본 출입국재류관리청〉

경영관리비자는 외국인이 일본에서 사업을 시작하거나, 기존 사업을 경영하고 관리하기 위해 필요한 비자다. 일본 내에서 법인을 설립하거나, 기존 법인을 인수하여 경영하거나 관리직으로 참여할 수 있도록 허용하는 조건으로, 단순 투자자가 아니라 사업을 운영하는 실질적인 역할자여야 한다. 그 외 상세 조건으로는 자본금이 3,000만 엔 이상으로 독립된 사무실이 있어야 하며, 일본인으로 구성된 상근 직원이 1명 이상이어야 하고, 구체적인 사업 계획이 존재하여 실질적인 수익 구조가 명시되어야 한다는 등이 있다.

표31 경영관리비자를 받을 수 있는 요건(2025년 10월 16일 시행)

요건 항목	세부 설명
자본금 요건	최소 3,000만 엔 이상
사무실 요건	주거용이 아닌 독립된 사업용 사무실 확보 필요 (렌탈오피스는 제한 있음)
사업계획서	구체적인 수익 계획, 조직도, 인력계획 등이 포함된 서면 필요
실질 사업성	실제로 수익을 낼 수 있는 사업 구조여야 함
고용 요건	일본인 또는 영주자, 정주자인 상근 직원 1인 이상
경영자 경력	3년 이상의 경영관리 경험 또는 경영관리에 관한 석사 상당 이상의 학위

〈출처 : 일본경제신문사 기사(2025.8.26) 참조 및 일본 출입국재류관리청〉

중요하게 따져야 하는 두 가지 기준

여기서 중요한 요건은 '실질적인 수익 구조'와 '사업 내용'이다. 단순히 법인을 만들기만 해서는 충분하지 않다. 경영관리비자는 법인이 실제로 수익을 내고, 그 수익으로 법인의 대표자가 일본에서 충분히 생활하면서 직원 1인 이상을 고용할 수 있어야 한다는 인식이 기반에 깔려 있다. 이 말을 좀 더 쉽게 설명해보자면 부동산 월세를 받는 법인은 충분한 현금흐름이 있어야 한다, 즉, 월세 수입이 아주 많아야 한다는 뜻이다.

부동산 투자를 해서 임대업만을 보유하고 있는 법인이라고 생각해본다면, 월세가 최소 150만 엔이 넘어야 요건을 충족시킬 수 있다. 이를 5%의 수익률로 역산하면 3억 6천만 엔 이상의 수익형 건물을 대출 없이 보유하고, 법인을 운영하면 되는 셈이다. 하지만 새롭게 개정된 비자 취득 요건을 보고 있자면, 이것으로도 경영자로서의 지위를 확보하기는 어렵다는 결론이 나온다.

이제는 일본에서 경영관리비자를 얻기 위해서는 '진지하게 경영하는 의욕을 가진 사람'으로서의 증명이 필요하게 되었다. 경영관리비자의 부정 취득이 늘어나고, 사회적 이슈가 되면서 개정이 된 사항이라 이 변경 사항은 일본 내에서도 현재 꽤 논쟁 중인 주제이기도 하다.

명확한 사업 계획을 만들고, 필수 자금, 공간, 인력 요건을 충족시키고, 실질적 현지 경영이 병행되어야 한다는 점이 중요하다는 사실을 잊지 말자. 다만, 이 내용은 2025년 10월 경영관리비자의 엄격화를 앞두고 작성된 사항으로, 이 요건을 충족해서 받은 비자의 사례가 아직 충분하지 않기 때문에 100% 확신하여 '이렇다'고 하기에는 어려움이 있음을 참고해주길 바란다. 경영관리 비자 취득을 원하는 예비 투자자라면 꼭 전문가인 행정서사 등과의 상담을 통해 솔루션을 받는 준비 과정이 필수적이다.

만약 일본이라는 나라에 관심이 많고, 일본 거주도 마음속에 두고 있었다면 법인 운영과 비자 취득이라는 장기 전략도 함께 설계해보면 어떨까. 장기적으로 안정적인 수익형 부동산을 운영하면서, 내가 할 수 있는 나의 일을 펼쳐나가는 삶. 일본 부동산 투자는 제2의 인생을 펼쳐주는 기회가 될 수 있다.

5장 건물 하나로 수익, 차익, 인생 설계까지 만드는 투자 노하우

선택하고 나아가서,
결국은 키워내는 힘

 2019년, 나는 서울의 아파트를 팔고 도쿄 신주쿠에 있는 작은 상가주택 하나를 샀다. 처음 이 건물을 살 때만 하더라도 그저 꼬박꼬박 들어오는 월세만이 전부일 거라고 생각했다. 그리고 기회가 된다면 비싸게 팔아야겠다는 마음가짐도 있었다. 그런데 시간이 지날수록 그 건물은 내게 더 많은 것을 요구했고, 나는 거기에 하나씩 응답하고 있었다. 리노베이션을 기획하고, 공실을 다시 채우고, 수익률을 계산하고, 때가 되어 매각을 결정했다. 결국에는 꽤 괜찮은 시세차익까지도 손에 쥘 수 있었다.

 첫 번째 투자에서 배운 교훈은 자연스럽게 두 번째로 이어졌다. 이번엔 상업빌딩이었다. 거주용이 아닌 사람들이 드나들고, 가게가 운영되는 공간이다. 많은 투자자가 주거용 부동산만을 바라보고 있었지만, 나는 일본의 상업빌딩이 아직 저평가되어 있다고 판단했다. 도시의 변화와 흐름 속에서 그 가능성을 조금 일찍 발견하고자 했다. 그래서 좀 더 과감한 결정을 내렸다. 투자금을 넣고, 대출을 받고, 월세를 받는 과정은 똑같아 보이지만, 이번 나의 결정은 관광이라는 키워드에 집중한, 완전히 새로운 공간에 대한 투자다! 그리고 두 번째 투자는 현재 진행형이다. 나의 두 번째 투자가 평가받는 데엔 꽤 오랜 시간이 걸릴 것 같다. 이제 나는 도쿄 빌딩에서 월세를 받는다.

무엇보다 이 책을 소개하는 지금, 수익을 쌓아가면서 인생의 다음 계단을 향해 올라가고 있다. 나는 또 다른 도전을 진행 중이다. 더 이상 한국과 일본을 오가는 투자자가 아니라, 일본 도쿄로 이주했다. 서울의 생활은 모든 것이 익숙하고 편안하다. 2025년, 10여 년의 몸테크를 끝내고 드디어 강남 아파트 입주에도 성공했다.

그런데 이런 한국을 뒤로하고, 일본에서의 새로운 시작을 선택하기까지는 쉽지 않은 결정이었다. 하지만 그만큼 더 의지가 굳건하다. 다행히도 남편은 일본의 IT 기업에 취업했고, 이제 막 생애 36개월이 지나고 있는 우리 아이는 도쿄에서 더 넓은 세상을 배워나가고 있다.

그동안 나는 내가 직접 해온 일본 부동산 투자 경험을 강의와 글을 통해 많은 사람에게 소개해왔다. 그렇게 지난 2년 동안, 일본 부동산에 관심을 가진 500명이 넘는 많은 예비 투자자들을 강의, 인터뷰, 사석에서 만났다. 각자의 조건과 목표는 달랐지만, 모두 나름의 고민과 계획을 가지고 있었고 그 이야기는 하나같이 인상 깊었다.

투자자도 결국 사람이다. 수익률이나 시세만으로는 설명되지 않는 선택의 이유들이 있었고, 그 안에는 가족, 커리어, 생애주기 같은 삶의 요소들이 함께 들어 있었다. 돈은 계산기 속의 숫자를 넘어, 나라는 사람의 시간과 감정이 고스란히 담긴 철학이었다.

이 과정에서 나의 경험과 지식, 네트워크가 누군가에게 실제로 도움이 되었을 때 나는 가장 큰 보람을 느낀다. 앞으로도 더 많은 사람들의 결정 과정에 실질적인 조언을 줄 수 있다면 더 바랄 것이 없다. 일본 부동산을 중심으로, 각자의 삶에 맞는 방향을 함께 찾고 만들어가는 일. 이제는 일본 현지에서 그 일을 계속 해 나갈 생각이다.

아직 이야기하고 싶은 주제가 많다. 새로운 동네에 정착하기, 일본에서의 육아와 교육, 그리고 이곳에서 살아가며 생기는 크고 작은 일들까지. 나는 지금도 배우고 있고, 여전히 실험하고 있으며, 앞으로의 이야기는 천천히 오래 쌓여갈 것이다.

누군가는 여전히 서울의 아파트 가격을 따라 달리고, 누군가는 또 다른 투자처를 찾아 전국 부동산 지도를 넘기고 있을 것이다. 나는 그 흐름에서 조금 벗어났고, 내 속도와 방향으로 이 길을 걸어왔다. 일본이라는 낯선 땅에서 나만의 방식으로 자산을 해석하고, 리스크를 줄이고, 가능성을 키워가는 경험은 분명히 말할 수 있다. 안정적인 현금흐름과 지속 가능한 투자 구조, 그건 단순한 기술이 아니라 결국 '실행'과 '태도'라는 점을 말이다. 이 책이 당신에게 그 시작의 실마리가 되기를 바란다. 언젠가 또 당신을 만날 수 있다면 참 기쁠 것 같다.

국경을 넘어 당신의 잃지 않는 투자를 진심으로 응원한다.

본문 속 주요 표·자료 총정리

1장

표 1	일본 경제 성장률 추이	20
표 2	부동산 용어 비교	28
표 3	한국의 다가구 주택과 다세대 주택 비교	32
표 4	한국과 일본의 주요 부동산 투자 유형과 특징	38
표 5	도쿄도 임대 관리회사 랭킹 10	49

2장

표 6	일본 부동산 종류	53
표 7	한국 부동산 종류	53
표 8	일본의 용도지역	55
표 9	한국의 용도지역	56
표 10	종합설계제도 적용 조건	61
표 11	상업빌딩 유형별 특징과 장단점	68
표 12	입지에 따른 부동산 운영 전략	74
표 13	기본 입지 분석 항목과 조사 방법	77
표 14	도쿄도의 도시 만들기 그랜드 디자인 7가지 전략	81
표 15	도쿄도 도시 만들기 그랜드 디자인의 지역 구분	82
표 16	2050 도쿄 전략의 3대 비전	83
표 17	2050 도쿄 전략의 정책 방향성 중 일부	84
표 18	일본 전국 주요 철도 노선 계획	87
표 19	국토교통백서의 정책 내용 일부	88
표 20	도쿄도 주요 철도 노선 계획	89
표 21	도쿄도 주요 구별 공시지가	106
표 22	도쿄도 주요 지점 공시지가	107

3장

표 23	세입자를 들이는 데 필요한 신규 비용	136
표 24	월세 수입에 따른 건물 매매가 차이	141

4장

표 25	일본 관광 지표 추이	174
표 26	새로 매입한 상업빌딩의 상세 정보	187

5장

표 27	개발 사업에 유리한 부동산 조건	204
표 28	ESG 트렌드에 맞춘 중소형 빌딩의 밸류업 요소	205
표 29	매도할 때 필요한 서류들	212
표 30	일본의 29종 재류자격 종류	229
표 31	경영관리비자를 받을 수 있는 요건(2025년 10월 16일 시행)	230

1장

자료 1	일본 부동산 가격 흐름 추이(~2012)	21
자료 2	일본 부동산 가격 흐름 추이(2013~)	23
자료 3	한국 아파트와 유사한 형태의 일본 구분맨션	29
자료 4	한국 다가구 주택과 비슷한 형태의 일본 일동아파트	30
자료 5	관리회사 보고서 예시	47

2장

자료 6	아자부다이힐즈의 모습	58
자료 7	전체 상업용으로 구성된 일동상업빌딩	63
자료 8	한국 상가주택과 비슷한 일본 임대병용주택	64
자료 9	공사 구간 위치도_하네다공항 액세스 선	93
자료 10	공사 구간 위치도_도심·임해 지하철 신선	94
자료 11	개략도_도쿄 8호선(유라쿠초 선) 연장	95
자료 12	개략도_리니어 중앙 신칸센	97
자료 13	개략도_홋카이도 신칸센	98
자료 14	도쿄 베이 지역	101
자료 15	임해부 지역	102
자료 16	하루미 플래그의 모습	105
자료 17	쓰키지 시장 재개발 부지의 모습	109
자료 18	도쿄의 액상화 예측(2023)	111

3장

자료 19	리폼 전후 사진	131
자료 20	4~5층 복층 호실의 평면도	138
자료 21	미국과 일본의 금리 추이	147
자료 22	엔/원 환율 추이	148
자료 23	일본 외국인 관광객수 추이(파란색 그래프)	149

4장

자료 24	맨션 가격 추이(연두색)	164
자료 25	도쿄도 오피스 공실률 추이	184
자료 26	새로 매입한 상업빌딩	186
자료 27	스카이트리 앞 거리 풍경	191

5장

자료 28	디벨로퍼가 매수한 첫 건물이 철거된 모습	201
자료 29	일본 인구 감소 추이(2024)	217
자료 30	일본 부동산 투자액 중 해외투자자의 비중 추이	223

일본 부동산
직접 투자
최강 바이블

초판 1쇄 발행 2025년 11월 26일

지은이 백승 노윤정
펴낸곳 ㈜에스제이더블유인터내셔널
펴낸이 양홍걸 이시원

홈페이지 siwonbooks.com
블로그 · 인스타 · 페이스북 siwonbooks
주소 서울시 영등포구 영신로 166 시원스쿨
구입 문의 02)2014-8151
고객센터 02)6409-0878

ISBN 979-11-7550-037-2 13320

이 책은 저작권법에 따라 보호받는 저작물이므로 무단복제와 무단전재를 금합니다.
이 책 내용의 전부 또는 일부를 이용하려면 반드시 저작권자와
㈜에스제이더블유인터내셔널의 서면 동의를 받아야 합니다.

시원북스는 ㈜에스제이더블유인터내셔널의 단행본 브랜드입니다.

독자 여러분의 투고를 기다립니다.
책에 관한 아이디어나 투고를 보내주세요.
siwonbooks@siwonschool.com